Unterwegs Verlag

78224 Singen
Tel.: 07731-63544
Fax: 07731-62401
www.unterwegs.com

Lesestoff für zu Hause und unterwegs

Das Buch

Die authentische Geschichte einer ungewöhnlichen Weltreise. Der Reporter und der Schriftsteller wollen alle Kontinente bereisen, die drei schönsten Städte der Welt (Kapstadt, Sydney und San Francisco) sehen und sich ihre (Reise-)Träume von der Südsee und Kalifornien erfüllen. Nach 22 Tagen in der Welt möchten sich die Reisenden einige Tage auf Mallorca ausruhen. Im Laufe der Tage merken sie zunehmend, wie dieser Plan zu einer Neuentdeckung des Reisens überhaupt führt. Zumal sie während der langen Flüge immer die Werke des Schriftstellers Martin Walser lesen, der ihnen viel bedeutet und die Augen öffnet für die kleinen Dinge des Lebens. Bald beobachten sie die Welt mit der "walserschen Sicht der Dinge", wie sie es nennen. Sie schreiben ihm regelmäßig Postkarten. Die Unterschiede von sogenannten Weltproblemen und privaten Fragen verwischen. Die Abenteuer in der Welt werden zur Auseinandersetzung mit der Heimat. Diese "Heimat" kulminiert auf dem Ballermann 6, einer kleinen Kneipe auf Mallorca, und dessen Umgebung, wo die Besucher sich auf einen Konsenz geeinigt haben, der seinen Ausdruck in immer-gültigen Zeilen der deutschen Schlagerwelt findet: *Sierra Madre, Ein Bett im Kornfeld, Es fährt ein Zug nach nirgendwo, Das ist Wahnsinn ...*
Matthias Ackeret arbeitet seine Erlebnisse in seinem Tagebuch auf; Manfred Klemann schreibt die Geschichte dieser Reise. Zusammen ist so ein Buch entstanden, das nachgerade Kultcharakter erhalten hat.

Matthias Ackeret, Reporter bei TeleZüri, ist Autor des Zürich Handbuchs, schrieb für Weltwoche, GeoSpezial und Merian, zuvor politischer Fernsehredakteur bei S Plus. Promovierte 1998 mit einer Arbeit über das schweizerische Rundfunkrecht an der Uni Zürich ("Das duale Rundfunksystem der Schweiz", Stämpfli-Verlag, Bern).
Matthias Ackeret ist Schweizer und lebt in Zürich.
Manfred Klemann, deutscher Schiftsteller, wohnt auf der Höri, wo schon Hermann Hesse lebte. Das erste Buch von Klemann erschien 1982 beim Fischer Verlag ("Mit Phantasie das Kabel kapern"). Reisebuchautor (acht Bücher) und Verleger.
Manfred Klemann ist Kommunikationswissenschaftler (Uni Konstanz).

Unterwegs Verlag

78224 Singen
Tel.: 07731-63544
Fax: 07731-62401
www.unterwegs.com

Lesestoff für zu Hause und unterwegs

Das Buch

Die authentische Geschichte einer ungewöhnlichen Weltreise. Der Reporter und der Schriftsteller wollen alle Kontinente bereisen, die drei schönsten Städte der Welt (Kapstadt, Sydney und San Francisco) sehen und sich ihre (Reise-)Träume von der Südsee und Kalifornien erfüllen. Nach 22 Tagen in der Welt möchten sich die Reisenden einige Tage auf Mallorca ausruhen. Im Laufe der Tage merken sie zunehmend, wie dieser Plan zu einer Neuentdeckung des Reisens überhaupt führt. Zumal sie während der langen Flüge immer die Werke des Schriftstellers Martin Walser lesen, der ihnen viel bedeutet und die Augen öffnet für die kleinen Dinge des Lebens. Bald beobachten sie die Welt mit der "walserschen Sicht der Dinge", wie sie es nennen. Sie schreiben ihm regelmäßig Postkarten. Die Unterschiede von sogenannten Weltproblemen und privaten Fragen verwischen. Die Abenteuer in der Welt werden zur Auseinandersetzung mit der Heimat. Diese "Heimat" kulminiert auf dem Ballermann 6, einer kleinen Kneipe auf Mallorca, und dessen Umgebung, wo die Besucher sich auf einen Konsenz geeinigt haben, der seinen Ausdruck in immer-gültigen Zeilen der deutschen Schlagerwelt findet: *Sierra Madre, Ein Bett im Kornfeld, Es fährt ein Zug nach nirgendwo, Das ist Wahnsinn ...*
Matthias Ackeret arbeitet seine Erlebnisse in seinem Tagebuch auf; Manfred Klemann schreibt die Geschichte dieser Reise. Zusammen ist so ein Buch entstanden, das nachgerade Kultcharakter erhalten hat.

Matthias Ackeret, Reporter bei TeleZüri, ist Autor des Zürich Handbuchs, schrieb für Weltwoche, GeoSpezial und Merian, zuvor politischer Fernsehredakteur bei S Plus. Promovierte 1998 mit einer Arbeit über das schweizerische Rundfunkrecht an der Uni Zürich ("Das duale Rundfunksystem der Schweiz", Stämpfli-Verlag, Bern).
Matthias Ackeret ist Schweizer und lebt in Zürich.
Manfred Klemann, deutscher Schiftsteller, wohnt auf der Höri, wo schon Hermann Hesse lebte. Das erste Buch von Klemann erschien 1982 beim Fischer Verlag ("Mit Phantasie das Kabel kapern"). Reisebuchautor (acht Bücher) und Verleger.
Manfred Klemann ist Kommunikationswissenschaftler (Uni Konstanz).

Die ganze Welt ist Ballermann

Karten an Martin Walser

Tagebuch und Geschichte einer ungewöhnlichen Weltreise

von
Matthias Ackeret und Manfred Klemann

Unterwegs Verlag
Singen

1. Auflage Mai 98

2. Auflage Juli 98

Die Deutsche Bibliothek - CIP-Einheitsaufnahme

Ackeret, Matthias:
Die ganze Welt ist Ballermann: ein Weltreisebuch; Karten für Martin Walser
(Matthias Ackeret, Manfred Klemann).
- Originelle Original-Ausgabe - Singen: Unterwegs Verlag, 1998
ISBN 3-86112-071-2
NE: Klemann, Manfred: HST

Gesetzt aus der *Times* und der *Bookman*
Titel nach einem Motiv von Peter Möhrle von Christine Raff.
Druck und Bindung: Pressedruck Augsburg
Printed in Germany

"Martin Walser ist ein Kunde von mir.
Er trinkt hier manchmal seinen Kaffee.
Er ist ein Genie.
Ich kenne aber nicht viel von ihm:
Ich stehe mehr auf 'Sex and Drugs and
Rock'n'Roll".

Achim Möhring, Wirt des Café *Wichtig* in
Überlingen am Bodensee

für *Martin, der uns die Augen öffnete*

DIE GANZE WELT IST BALLERMANN

Ein Tagebuch rund um die Welt von *Matthias Ackeret*

Freitag, 9. August

Nur ein Pullover und zwei Hemden, dafür 19 Unterhosen. Drei Jeans (Marke Levi's), eine Badehose, gelb, zu groß. Außerdem vier bedruckte T-Shirts mit den Aufschriften „Freiheit für Nelson Mandela!", „Die Mauer muß weg!", „Kommunisten an die Macht!" und „Wieder daheim!" Im Waschbeutel eine Zahnbürste, Trybolmundwasser, Linsenreinigungsmittel, eine Packung Präservative Secura color, extra feucht. In der Seitentasche ein Schweizer Paß, ein Mallorca-Reiseführer und als Ferienlektüre fünf Bücher von Martin Walser. Das Ticket für 10.422 Franken im Brustbeutel - sicherheitshalber. Ich schließe den schwarzen Koffer.

Endlich frei! Noch zwei Minuten bis zum Zürcher Flughafen, noch 11 Stunden bis Kapstadt, noch 23 Tage bis zum Ballermann 6 auf Mallorca! Das Gestern weit weg: Das Interview mit dem Stadtrat als Schwerstarbeit, magistraler Mundgeruch verhinderte jegliche Inspiration.
„Wir müssen sparen!" Der Politiker warf einen vertrauensvollen Blick in die Kamera, eine Welle, ja ein Meer von Rotwein und Knoblauch hauchte mir entgegen: „Verantwortung tragen!"
Ein Rudern mit den Armen, jetzt ist es klar: Knoblauch, Rotwein und französische Salatsauce. „Die fetten Jahre sind vorbei!" Am penetrantesten der Espressogeschmack – bittersüß. Ich trete einen Schritt zurück, ohne das Mikrophon loszulassen. Eine akrobatische Übung für ein wenig Luft. Dann das selbstgerechte Lachen des Politikers: „Keine weiteren Fragen?"
Keine weiteren Fragen. Lokalreporter zu sein ist ein harter Job.

Doch nun kommt die Welt: keine Politiker mit Mundgeruch, keine Vernissagen, bei denen blaue Periode den Champagnergehalt der Gäste bedeutet. Vielmehr Freiheit, Spaß, Freude. Nicht mehr, nicht weniger.
Der Zug hält pünktlich in der unterirdischen Bahnhofshalle des Zürcher Flughafens. Ich nehme den schwarzen Koffer, schleppe ihn durch die langen Gänge. M., mein Reisebegleiter um die Welt, sitzt bereits in der Bye-Bye-Bar, wartend.

M. wirkt nervös. "Endlich hier!" M. ist Deutscher, eine sympathische Erscheinung, knapp 40, ein alternder Jungsozialist. Bei der Wahl seiner Produktionsmittel entscheidet er sich zwischen einem Porsche und einem BMW. Das Schicksal aller cleveren Jungsozialisten.
Mit M. will ich in drei Wochen zum Ballermann 6 auf Mallorca. Zuvor aber noch ein kleiner Umweg um die Welt. „Der Weg ist das Ziel", sagt M., „doch die Wahrnehmung ist alles!"
Eigentlich ist M. Philosoph, statt dessen wurde er Reisebuchverleger; zweifelsohne ein Vorteil, denn: Kam Kant bis Mallorca?
M.'s Gesicht leuchtet fröhlich: „Die Welt ist rund!" Aus deutschem Mund klingt alles logisch.
Einmal um den Globus ist ein Muß, lehrt mein Freund. So wie man ein Kind zeugt, ein Häusle baut und eine IWC-Uhr trägt. Eine Weltenpflicht sozusagen.
Doch direkt zum Ballermann 6 zu fliegen, wäre trivial, folgert er. Erst der kleine Umweg von 80 000 Kilometern erhebe die Reise zum soziologischen Experiment. Erlebniswelt nenne man das. Erleben und Analysieren als Message.
Es ist meine 15. Reise mit M. Große Reisen macht man immer zu zweit: Mr. Foggs und sein Diener Passepartout reisten in achtzig Tagen um die Welt, Robinson und Freitag erforschten eine namenlose Südseeinsel. Auch der große Goethe reiste nicht alleine nach Italien; Dick und Doof sollen sogar in Afrika gewesen sein. Wer zu zweit reist, sieht mehr. Ein deutscher Reisebuchverleger und ein Schweizer Fernsehreporter auf der Suche nach dem globalen Ballermann.

Ich stütze meinen Arm auf den schwarzen Koffer. Darin verpackt mein grünes Tagebuch, voller leerer Seiten, erwartungsfroh für einen

großen Trip. Als stiller Beobachter bin ich – anders als M. – zurückhaltend und diskret. Wer beobachtet, schweigt. Die Welt des Beobachters kann manchmal sogar die Welt sein.
Die elektronische Anzeigetafel inmitten der Flughalle zwingt zum Aufbruch: Swissair SR 286, Abflug 20.50 Uhr, Kapstadt. Afrika, wir kommen!

Kurz vor Mitternacht wieder in Zürich. Statt brüllender Löwen und halbnackter Voodoozauberer helvetischer Biedersinn. Leise Dixiemusik. Die Bar des Renaissancehotels unweit des Flughafens Zürich-Kloten ist wie alle Hotelbars der Welt: dezent. M. sitzt auf einem Hocker, schlürft seinen Whiskey, auf einmal wirkt er bedrückt. Der erste Versuch zur Weltumrundung scheiterte nach wenigen Stunden. Die Flugmaschine drehte über dem italienischen Festland und flog zurück. Der Grund: ein defekter Wetternavigator. Ich rechne: In 23 Tagen um die Welt, drei davon auf dem Ballermann, einer - unfreiwillig - in der Schweiz. Ein Mißverhältnis. Die Schweiz ist bekannt. Besser vier Tage auf dem Ballermann als ein verlorener in Zürich. Weltenarithmetik. Ich bin verunsichert, greife zum Perrier. Eine Warnung des Himmels? Ein Zeichen des Schicksals? Die Schweizer Bardame schenkt M. nach. Dieser, schon halb betrunken, lästert über die Wetternavigatoren der Swissair. Deswegen, und nur deswegen, sei man nun eingeschlossen in der Schweiz. Gefangen sozusagen im goldenen Käfig.
In Afrika Chaos, in Asien Unruhe, in der Südsee Haifische, in Amerika Kriminelle und auf Mallorca Touristen – hier aber gar nichts außer ein paar Schneebergen, Schokoladenriegel und Goldvreneli.

Der ältere Herr auf dem Nachbarstuhl blickt für einen kurzen Moment auf, senkt seine Augen, blickt nochmals auf. Dann dreht er sich zu uns. “South Africa?” Ich nicke. Auch ein Wartender. Er stellt sich vor: Dr. Christian Barnard, Herzchirurg, ein afrikanischer Held. Weltberühmt, der Traum jedes Schreiberlings: Dr. Barnard sehen und einen Herzinfarkt kriegen.

Dr. Barnard lächelt, eine sympathische Erscheinung, ein Gentleman. Einer wie Dr. Barnard rülpst nicht und hat keinen Mundgeruch. Seine

Haut ist braungebrannt und gestrafft, ein Produkt der Medizin. Ist Dr. Barnard auch Schönheitschirurg?
M. dreht sich zur Seite, froh, daß Südafrika doch noch in die Schweiz gekehrt ist. Der Chirurg kommt von einem Kongreß in London, morgen sollte er bereits wieder in Kapstadt sein. Eine wichtige Besprechung, die wegen des Defekts ins Wasser falle. Vielleicht, tuschelt mir M. ins Ohr, bestehe die Möglichkeit, einige Tage bei Dr. Barnard zu verbringen - M. ist nicht nur Philosoph, sondern auch Pragmatiker. Zum einen hätte der Herzchirurg ein schönes Haus, zum anderen lerne man mit ihm einen richtigen Südafrikaner kennen. Und Menschenkennenlernen sei ja schließlich das Wichtigste beim Reisen. Eine Einladung von Barnard als Erfüllung des afrikanischen Traums.

Dr. Barnard blickt in die Ferne, wirkt abwesend. Vielleicht denkt er an den Zustand der Seele bei einer Herztransplantation. Oder an das Schicksal der Patienten. Doch Dr. Barnard ist schon weiter; ihn stören der defekte Navigator und die Tatsache, daß er Nelson Mandela noch nie leibhaftig getroffen habe. Und der sei ja fast so berühmt wie er. Nur habe Mandela den Nobelpreis erhalten. Ich wende ein, daß ich Mandela auch noch nie gesehen habe - dafür den Schweizer Verteidigungsminister Ogi. Doch dies interessiert Barnard nur am Rande. Er blickt gelangweilt auf die Uhr: mittlerweile kurz vor eins. Er habe noch seine Frau angerufen, sagt er, ihr mitgeteilt, daß er einen Tag später in Kapstadt ankomme. Dieser verdammte Wetternavigator!

Samstag, 10. August

Nächster Tag, 8.30 Uhr. Vor dem Hoteleingang. Warten auf den Bus, der uns erneut zum Flughafen bringen soll. Die illustre Gruppe der Südafrikareisenden wirkt genervt. Der bleiche Nestlémanager mit Dreitagebart, einem grellen St. Galler Dialekt und einer hübschen Frau ist verärgert; der heutige Termin in Johannesburg – verpaßt. Daneben ein Kolonialmacho, der gerne Leoparden und wohl auch Einheimische schießt. Dr. Barnard steht abseits, schweigend. Knappes Nicken, wir sind alte Bekannte.

Der Bus rollt heran, wir nehmen Platz. Eine laute Stimme: "Es gibt noch einige Herrschaften, die nicht bezahlt haben!" Der Concierge des Hotels ist als letzter in den Bus gekommen. Keiner der Business- und First-class-Passagiere regt sich. Der Concierge leicht gereizt: "Muß ich deutlicher werden?"
Dann zieht er einen Computerausdruck aus der Tasche, die Worte überpräzise betonend: "Ein gewisser Herr Barnard schuldet uns 50,30 Franken für ein Telefonat nach Südafrika ..."
Ruhe, dann eine Drohung: Bevor Herr Barnard nicht zahle, keine Abreise, und ohne Abreise kein Afrika.
Dr. Barnard wirkt verunsichert, ja eingeschüchtert. Er, Dr. Barnard, habe lediglich seiner Frau mitgeteilt, daß er einen Tag später in Kapstadt eintreffen werde - wegen des defekten Navigators. Das sei ihm von der Fluglinie ausdrücklich empfohlen worden.
Doch der Concierge erkennt Dr. Barnard nicht. Was für ein Tölpel! Dabei hat Dr. Barnard schon 1967 als erster einem Menschen ein Herz verpflanzt, während das Herz des Conciergen noch nicht einmal klopfte.
"Ob Doktor oder nicht, bezahlen tut hier jeder!" sagt der Concierge. Dann ruft er den Namen von M. Dieser habe sein Video auch nicht bezahlt, 21 Franken. Ein Fuchteln mit den Rechnungen.

M. und Dr. Barnard stehen zitternd auf, folgen dem strammen Hotelangestellten zur Rezeption. Der Weltenarzt als Zechpreller? Der Busfahrer blickt ungeduldig auf die Uhr. Noch vierzig Minuten bis zum

Abflug. Draußen Zürichs Hometowns: Baracken, unverbaute Wiesen, dahinter kaum erkennbar der Hochkamin der Müllverbrennung. Einstimmung auf Kapstadt.

Nach rund fünf Minuten kommen die beiden zerknittert in den Bus zurück, hastig schnaufend, um rund 70 Franken leichter. Leiden verbindet. Dr. Barnards Gesicht, trotz gebräunter Haut, fahl. M. außer sich vor Wut.
"The worst flight in my life!" schreibt der Herzchirurg auf sein First-class-Ticket. Das Lächeln ist, soweit es die straffe Haut erlaubt, Attrappe. M. erholt sich, sieht seine Chance und sagt zu Dr. Barnard: "Und Sie haben ein schönes Haus?" "Ja", antwortet der afrikanische Superstar, "außerhalb der Stadt gelegen."
Doch sogleich erregt er sich wieder über das knauserige Hotel, den unverschämten Concierge, den verpaßten Kongreß und den kaputten Navigator. Aber immer mit Stil und ohne Mundgeruch.
Der Bus ist mittlerweile am Flughafen angekommen. Abrupter Abbruch des Dialogs, Dr. Barnard zieht es in die First class, uns in die Business-Klasse, leider. Die erhoffte Einladung bleibt aus.

Kurz nach 14.00 Uhr ein erster Blick aus dem Flugzeug. Weite, weiße Dünen: die Sahara. Kerzengerade Straßen, die im Nichts verschwinden. Ich nehme "Ein fliehendes Pferd" von Martin Walser hervor, blättere und lese ab Seite 20 weiter. Walser über Afrika. In der Ferne lese ich immer Walser; ein Gefühl von Heimat. Der berühmteste aller Heimatdichter.
Bodensee gegen Welt. War Walser schon in Afrika?
Keiner beobachtet wie Martin Walser. Diese Präzision, diese Ironie. Walser als Messias aller Beobachtenden, die walsersche Sicht der Dinge als Lebensmaxime.
Ich wende mich zu M., dieser sitzt vor seinem Glas Veuve Clicquot, hört für einmal zu. Der wahre Weltenkampf findet im kleinen statt, doziere ich. Nicht das Allgemeine, sondern das Individuum ist das Maß aller Dinge. Zwar hat Dr. Barnard die Welt verändert, doch sein wahrer Kampf gilt einem mißgelaunten Conciergen. In der Belanglosigkeit liegt die Wahrheit. Auch Walsers Figuren stehen im ständigen Ringen um Anerkennung: der Beamte Fink im absurden

Krieg gegen die Obrigkeit, Immobilienhändler Dr. Gottlieb Zürn im aufreibenden Kampf um sein Schwanenhaus. Die walserischste Figur überhaupt aber heißt Mike Baum, die real-existierende Verkörperung von Autorenträumen, lebende Literatur sozusagen – Mike Baum ist ein Nachbar von M., und wer ihn sieht, muß an eine fleischgewordene Romanfigur von Martin Walser denken.

Mike Baum ist knapp 29 Jahre alt, Junggeselle, gutaussehend und ständig braungebrannt. Ein Freizeitmatador. Mike Baum wohnt in einem jener schicken weißgestrichenen Seehäuser, die „Seeruh" oder „Seeblick" heißen, ansonsten aber namenlos sind. Den ganzen Winter schleift, tüftelt und malt er an seinem Mahagoni-Motorboot, Baujahr 1971. Kaum kündigt sich der Frühling an, legt er es ins Wasser, um mit Wasserskiern oder bloßen Füßen, immer aber in gestreckter Haltung vom deutschen Ufer zum schweizerischen zu fahren und zurück. Tag für Tag, Runde für Runde. Wenn er mit über 220 PS über die glatte Fläche zischt, liegen seine Freundinnen oben ohne auf dem Rücksitz. Wenn er auf den Skiern steht auch. Mike Baum Frauentraum. Mike Baum ist der beste Wasserskifahrer der Region, mit Skiern oder nackten Füßen. Nur zweimal war er untreu. 1995 transportierte er sein Boot an den Gardasee. Nach drei Tagen brach er den Urlaub ab: „Zu viele Deutsche", begründete er. Und überhaupt, in diesen Hotels gäbe es keine einfache italienische Kost. Beim zweiten Mal fuhr er mit seinem Boot nach Sardinien.
Nach zwei Tagen kehrte er an den Bodensee zurück. Kein Sarde verstand Mike Baum - niemand sprach deutsch. Seither verzichtet Mike Baum auf Reiseexperimente.

„Oh, Mike Baum", seufzt M. Selten war die Heimat so nah, trotz der Steppen Namibias. „Von was lebt dein Nachbar eigentlich?" frage ich. M. verzieht seine Denkermiene – vergeblich. Er weiß es auch nicht. Eine Frage, die zu Hause alle interessiert, aber niemand zu stellen wagt. Das Tabuthema schlechthin. Der Steward schenkt Veuve Clicquot nach, ich nehme „Ein fliehendes Pferd" hervor, lese bei Seite 21 weiter.

Um 22.00 Uhr endlich das wahre Afrika, der Flughafen von Kapstadt. Tierische Kälte, Winter. Wir hoffen auf Dr. Barnard. Doch dieser drängt sich in der Eingangshalle an uns vorbei, lächelnd. Ich nehme meinen roten Paß, M. seinen grün-schwarzen. Dr. Barnard schreitet - ohne ein Dokument zu zeigen - durch die Zollkontrolle. Heimvorteil. Nun verschwindet der Herzchirurg aus meinem Leben - Südafrika ohne Dr. Barnard macht einsam.

M. und ich warten noch eine halbe Stunde, bis der schwarze Beamte seinen Stempel in den Paß drückt. Ich friere. Ein letztes Taxi bringt uns gegen Mitternacht zum Hotel Bay. Der indische Taxifahrer ist ausgesprochen freundlich. Er zeigt mit dem Finger nach draußen: „See, see, very nice." Dann der Tafelberg: „Big mountain, big mountain!" Doch auch in Kapstadt sind die Nächte schwarz, und so sehen wir nichts. Dann erzählt er von den Straßenschlachten der letzten Tage. In den Townships tobt der Krieg.

„Abenteuerurlaub", sagt M. Ich hingegen bin froh, endlich im Hotel angekommen zu sein; es zählt zu den besten der Welt. Die Türklinken leuchten golden.

Sonntag, 11. August

Noch 19 Tage bis Ballermann. Holprige Straße, blauer Himmel. Vor uns nur noch das Meer. Am Straßenrand turteln kleine Affen herum, fotogerecht. M. wirkt schon jetzt erschöpft. "Wo ist wohl Dr. Barnard?" fragt er. "Vielleicht operiert er einem Affen das Herz heraus", antworte ich. Auf dem Weg zum Kap der Guten Hoffnung gibt es viele Affen. Ein normaler Sonntagnachmittag in Afrika. Plötzlich endet die Straße: Ende des Kontinents.

Auf der linken Seite ein großer Parkplatz, eine Ansammlung von Menschen dahinter unübersehbar - ein weißer Leuchtturm auf einer zerklüfteten Felspartie. Afrikas südlichster Punkt - oder fast-südlichster Punkt. Bei allen Kaps gibt es immer noch einen südlicheren oder nördlicheren Punkt. Der Kap-Betrug.

Wir stellen unseren roten Leihwagen auf den Parkplatz und bezahlen das Ticket. Dann die unzähligen Stufen hoch zum weißen Leuchtturm, sich der Illusion hingebend, man befinde sich am Ende der Welt. M., dessen Roman "Leuchttürme sind einsam" nie veröffentlicht wurde, zieht das eigens bedruckte T-Shirt mit der Aufschrift "Freiheit für Nelson Mandela!" über. Ein bißchen schüchtern, ja unbeholfen, strafft sich die Aufschrift auf der geblähten Brust. Dann dreht er sich leicht verklemmt zur Seite, damit keiner von den zahlreichen Touristen die kämpferische Parole lesen kann. Diejenigen, die sie zufälligerweise lesen, schauen sogleich weg. Ich nehme meine Kamera und halte den Moment fest: ein deutscher Reisebuchverleger mit einer Kampfparole, die längst keine mehr ist. Walserisch gesehen – absurd. Was nützen alle Provokationen, wenn man sich dafür schämt? „Provokant ist nur, was provoziert", sage ich zu M. „Das ist aktives Reisen", verteidigt sich mein Freund. Für ein Erinnerungsfoto macht man alles.

Unterhalb des Leuchtturms mächtige Felsen, zischende Brandung, tosende Elemente. Ich setze mich auf die kahle Felsplatte. Hier wächst zusammen, was nicht zusammengehört: zwei Weltmeere. M., abseits, quält erneut seinen Schreibblock. Dieser deutsche Zwang, an großen Orten immer große Ideen zu haben. Dieses dauernde Welteninterpretieren und Weltenanalysieren. Eine Dame aus Neu-Ulm reißt mich aus meinen Gedanken. Sie muß bemerkt haben, daß ich aus ihren Breitengraden komme (vermutlich das Mandela-T-Shirt, daß ich mittlerweile angezogen habe). "Können Sie mich fotografieren?" Schwäbisch am Weltenende. War das Leben je sinnloser? Nicht einmal die grünen Moosflecken auf meiner schwarzen Armani-Jeans irritieren noch. Im Sucher erblicke ich den von der südafrikanischen Witterung geröteten Neu-Ulmer-Kopf, dahinter die Tafel: Cape of the good hope. Ein Knipsen, dann ein zweites. Einmal lächelnd, einmal ernst - Variantenfotografie.

Die Abendsonne wirft ihre müden Strahlen über die Landschaft:
Das Licht liebt Afrika.

Weiter, immer weiter. „Wie auf Mallorca", sage ich. „Wie in Andalusien", korrigiert M. Reisebuchverlegerwissen.

Der erste Löwe kurz nach 19.00 Uhr. Er zerfleischt eine Hyäne. Widerliches Kauen. Dann der Sprung durch die unendlichen Steppen. Fletschend, die blutigen Fleischreste hängen zwischen den Zähnen. Ich nicke erneut ein, die Luft stickig. Im Halbschlaf schrille Schreie: die Geier kommen. Nach zehn Minuten erneutes Aufwachen. Vor meinen Augen versöhnliches Abendrot. „Africa - sponsored by BMW." Der letzte Schriftzug flackert über die Großleinwand des Imax-Kinos. M. und ich erheben uns aus den Kinosesseln. „So ist Afrika", sagt M. Ich nicke. Durch den Kinoausgang hinein in die afrikanische Nacht. Die wenigen Menschen, die den Film gesehen haben, stehen auf, verlassen den überdimensionierten Raum. Ein Kontinent, so steht es in den Reise-führern, ohne Regen und Kälte; doch heute regnet es, und es ist kalt. Verdammt kalt sogar. Auf Mallorca hingegen wäre Sommer. Hochsommer. In Afrika, so hört man immer, seien alle nackt. Auch eine Falschmeldung: Die meisten Nackten tummeln sich mittlerweile auf den Balearen.

Im dünnen T-Shirt zur Waterfront. Die Waterfront ist Kapstadts Hauptattraktion. Ein wahrer Geheimtip, sagte Mike Baum vor unserer Abreise: „Wer die Waterfront nicht kennt, kennt Afrika nicht!" Er selber war nie dort, dafür sein Onkel – gesucht von Frau und Steuerbehörden. Langsam schrieb Mike Baum den Namen auf die Rückseite meiner Visitenkarte: Watterfrond.
Als Dank für den guten Tip zahlte ich seinen Gin Tonic. Mike Baum stieg in das Motorboot, hob lässig die Hand in die Höhe: „Und in Sydney müßt ihr unbedingt die Oper besuchen!"
Danke, nochmals ein Geheimtip. Dann rauschte Mike Baum vom Bootshafen hinaus in die Weiten des Bodensees. Wie gehabt.

Ein Geheimtip ist, wenn ihn nicht mehr als drei Leute kennen: Mike Baum, M. und ich. Bei der Waterfront sind es mehr. In den ehemaligen Lagerschuppen der Kapstädter Hafenanlage sind Restaurants, Boutiquen, Fotoschnellservices, Kleiderläden und all das, was Afrika ausmacht, untergebracht. Bei einem Mexikaner Tequadillas und Tequilas. Ein paar müde Touristen schlängeln sich vorüber. Der Tafelberg, die andere Großattraktion, versteckt sich erneut im

Dunkeln. M. und ich tun das, was alle Reisende nach anstrengenden Erlebnissen tun: sie trinken. Bei Tequila eins und zwei Diskussion über die walsersche Sicht der Dinge. Bei Tequila drei und vier über den Sinn unserer Reise.

Montag, 12. August

Draußen Regen. Bereits beim Frühstück liest M. die lokalen Zeitungen. Der kurze Moment des Schweigens. Als Aufmacher, daß gestern in den Suburbs Kapstadts wieder blutige Auseinandersetz-ungen zwischen Mohammedanern und Schwarzen stattgefunden hätten. Die schlimmsten der letzten Jahre. Islamische Bürgerwehren attackierten die Drogenhändler, Dutzende von Verletzten und Toten. Die örtliche Polizei – machtlos. „Das ist der Weltenkampf", sagt M., „gravierender jedenfalls als die ökonomischen Verhältnisse eines unbekannten Bonvivants vom Bodensee!"
Kurz vor Mittag rufe ich bei meiner Mutter an. Ihr Entsetzen vibriert durch die Leitung: "Es war wohl gefährlich gestern abend?" Die Tagesschau brachte einen Beitrag über die Ausschreitungen. Ich bleibe wortlos, die Illusion aufrechterhaltend, den Weltenbrand live miterlebt zu haben. Dieses wohlig-perverse Gefühl von Abenteuer. M. verzieht sich ins Zimmer 333, um das Geschehene mit seinem Schreibblock zu verarbeiten. Analytikerpflicht. Er murmelt etwas von Realität. Ich frage die schwarze Zimmerfrau, was sie von den Auseinandersetzungen denke. Sie lächelt und bleibt ruhig. Das Frühstück finde immer ab halb sieben statt, sagt sie. Wie weise, das Bay-Hotel (5 Sterne) als Insel inmitten des großen Tohuwabohus.

Ich verziehe mich in mein Zimmer und öffne die Bar. Der Sherry ungenießbar, draußen immer noch Regen. Um 15.00 Uhr Telephongespräch von Zimmer 318 zu Zimmer 333.
"Ich überlege mir", sagt M., "angesichts des schlechten Wetters einen früheren Flug nach Bangkok zu nehmen." Kapstadt, ja Afrika, sei nun bekannt. Sorgen mache ihm hingegen Australien, welches wir in zwei Wochen bereisen wollen. "Was ist mit Sydney?" fragt er, um sogleich

die Antwort zu geben: eine ähnliche Stadt wie Kapstadt, bestehend aus einer ähnlichen Waterfront, einem ähnlichen Hafen und ähnlichen Schiffen. Nur ohne Straßenschlachten. Und wie die Oper aussehe, wisse man ja. Vielleicht, folgert M., könne man Australien überspringen und von der Südsee direkt nach Rio weiter fliegen. Von der Copacabana im Direktflug zum Ballermann. Von Rio de Janeiro zum Riu Palace auf Mallorca! Die Welt als auswechselbares globales Dorf. Wie dekadent!

Um 16.00 Uhr Hotelbar. Nachdenken über Rio. Um 17.00 Uhr und 18.00 Uhr immer noch Nachdenken. Dazwischen südafrikanischer Wein und afrikanische Erdnüsse. Der Tafelberg versteckt sich hinter den Nebelschwaden; ich bin froh, den Hügel nicht besteigen zu müssen. Diese wohltuende Langeweile. Mit den drei Gästen, die an diesem verregneten Nachmittag die Bar aufsuchen, komme ich sofort ins Gespräch. Emalie und ihre zwei Kollegen arbeiten für die South African Airways. M.s Augen leuchten, wenn er Emalie betrachtet. Ihre Stewardessenhände sind warm, ihr Gesicht gerötet. Jetzt wird Afrika spannend! Emalie schwärmt von langen Flügen und dem Sonnenuntergang über Simon's Town. Schon wieder ein Geheimtip! Aber ich bin bald zu betrunken, wanke ins Zimmer, "verursachte so erneut Getöse, daß er noch einmal zusammenfuhr und jetzt zu Stein erstarrte und wartete, bis die Stille sich wieder wie ein dröhnender Ring um seinen Kopf schloß und seine Ohren mit dem rauschenden Anprall füllte, der weder tief noch hoch war, sondern nur spürbar als ein gleichbleibender Druck, der ihn ganz durchzog, der ihn hielt und nicht verlorengehen ließ in dieser nach allen Weltenden offenen Nacht; so sehr mußte er der nächsten Explosion entgegenfürchten." (Ehen in Philippsburg, S. 89)

Dienstag, 13. August

An den Schuhsohlen klebt Sand. Ein kalter Wind pfeift, die Wellen bäumen sich. Zwei Strandwärter reinigen den Strand. M. doziert unentwegt seine neuesten Gedanken. Vom Privaten der schnelle Wechsel zum Globalen: "Kapitalismus und Kommunismus haben mehr gemeinsam als das K." Hier am Camps-Bay-Strand sei ihm dies klar geworden. Die blaue Mütze hat er tief über den Kopf gezogen. Ich habe den Eindruck, er spricht mit sich selbst.

"Die Brandung ist das Fest. Dieses Heranrasen, dann Schaum und Donner. Das ist alles zuviel." (Brandung, S. 91)

Die Leere eines Strandes hat etwas Eigentümliches; die Tristesse beflügelt. M. hebt seinen geröteten Kopf und träumt immer noch von der Vereinigung von Kapitalismus und Kommunismus. Dem kapitalisierten Kommunismus. Ich höre nur halb hin. Gegensätze lassen sich nicht vereinigen. Ballermann ist nicht Opernball, Martin Walser nicht Mike Baum und M. nicht Karl Marx. Ich setze mich ab. Auf einem kahlen Stein grabsche ich eine Postkarte aus meiner gelben Camel-Trophy-Jacke. Das Motiv bekannt: Tafelberg bei Nacht, beleuchtet - das Übliche halt. Ich nehme einen Stift und schreibe an Herrn Martin Walser, Schriftsteller, D-88662 Nußdorf (Bodensee), Germany. So wie er sieht keiner Afrika (sofern er schon hier gewesen ist).

Kapstadt, 13.8.

Lieber Martin,
vielen Dank, daß Du uns Südafrika empfohlen hast. Es ist so, wie Du es beschreiben würdest.
Melden uns bald wieder,
Matthias + Manfred

Die ganze Welt ist Ballermann

Eine Geschichte rund um die Welt von *Manfred Klemann*

Um 18.04 Uhr fährt der Zug von Stein am Rhein um die Welt. Zuvor schon hat Gerrit das Boot verlassen, mit dem er unerkannt vom deutschen Bodenseeufer in die Schweiz hinüber gerudert ist.

Gerrit wird um die Welt reisen, Champagner trinken und ein fettes, sattes Leben führen. Gerrit denkt im Konjunktiv und fühlt sich wohl.

Er wird Gildo treffen, das ist gewiß. Denn genauso wie Gerrit hatte sich Gildo abgemeldet von den Wirklichkeiten seiner Freunde - Mike Baum, Frieder Kunz, Martin Walser - am See.

Gerrit vermißt auf der Bahnfahrt ein Mädchen mit kurzem Rock und weißen Schenkeln, das er anschauen kann; etwas Weibliches, das seine Gedanken anregt.

Also lehnt er sich zum offenen Fenster hinaus, bemerkt, daß man die der Bahnstrecke entlanglaufenden Masten genügend weit weg von den vorbeifahrenden Zügen aufgestellt hat, um mit herausgelehntem Oberkörper die grüne, ölige, hügelige Landschaft zu bewundern. Dann liest Gerrit ein letztes Mal vor der Welt Dürrsorns Kattenhorner Schweigen und prägt sich für die Tage bis zum Ballermann 6 ein:

Verbaut ist die Ankunft der Stürme / verschüttet die Feuerstelle / der Zorn /Schläfer zur Rechten / Zur Linken / Eine Stille /wie sonst nur Diktaturen sie kennen //Bette sich wer kann / hier leuchten die Untergänge vergoldet /ein Landstrich geschaffen für solche / mit denen noch Staat zu machen ist //
Kommt nur ihr ausgedienten Verdiener / ihr abgeschlafften Denker Dichter Anarchen / Freut euch des Abends / hier dämmert Deutschland am schönsten.

Und die Welt? Wo dämmert diese am schönsten?

Es gibt sicher keinen schöneren Platz auf der Welt als diese Ecke an Walsers Bodensee, angefangen von Horn, über Gaienhofen, wo Hesse lebte, über Hemmenhofen, wo Otto Dix hängenblieb, über Wangen und Dr. Wolf, über Kattenhorn eben und Öhningen und Stein am Rhein und auch das Hinterland gen Zürich hin. Und Nußdorf wollen wir nicht vergessen. Den Weg am See entlang bis zur Klosterkirche Birnau. Martin, Gerrit und Gildo sind ihn oft gegangen.

Gerrit wird vor der Jahrtausendwende 40 Jahre alt. Er ist in der Südstadt einer Industriestadt geboren und ausgewandert an den Bodensee. Dieser liegt zwar nur 15 Kilometer weit weg, aber von dort zu dort spielt eine andere Welt.

Herr Fink muß nicht weg, um unterwegs so etwas wie "Schönheit" zu erleben. Fink muß nur weg, damit er nicht schon mit Dreißig ein Rentner ist.
Aber sollst du überhaupt weg? Und von was, bitte?

Der Zug nach Afrika fährt über die Schweizer Gemeinden Thalheim, Seuzach, Oberwinthertur. Orte wie gemalt, ein rastvolles Leben garantierend.

Beim Umsteigen in Winterthur spielen in der Unterführung zwischen den Gleisen zwei Musiker, vielleicht aus Rumänien, vielleicht aus Serbien. Geige und Quetschkommode. La paloma, ade. Besser als Freddy Quinn es jemals sang; oder war es Nana Mouskuri? Perfekt, göttlich, traurig. Ihre Musik dringt hoch zu den Bahnsteigen, den schweizerischen, den sauberen.

Gott ist doch kein Schweizer. Die Wirklichkeit der Welt holt ihn ein, kurz, nachdem er Gildo getroffen hat. Eine zickige Mitarbeiterin der heimischen Airlines nimmt lustlos die Tickets, Menschen lassen sich widerspruchslos in metallene Särge einpferchen, nennen es fliegen und kehren wieder um. Gerrit ist

inzwischen besoffen geworden von dem ununterbrochen in der Luxusklasse servierten Rotwein aus Südafrika, der das Ziel des ersten Fluges dieser Fahrt um die Welt schon kulinarisch ankündigen sollte. Nur, die Maschine kam nicht über den Umkreis von Zürich hinaus, der Pilot hatte schweigend beschlossen, wieder umzukehren, das Kerosin in die Luft zu pumpen und zu Hause zu schlafen.
Ein Wetternavigations-Instrument sei scheinbar defekt.

Eine Lüge? Eine Bombe?

Also umdrehen und den ersten Tag der Welt schon verpassen. Es werden Geschichten des Wegs, nicht des Ziels. Es gibt kein Ziel.
Gerrit ist also betrunken, es ist ihm zunächst völlig egal, daß er wieder umkehren muß; der Mann, der zum Zigarettenautomat geht, weiß ja auch nicht, ob er viel weiter kommt als bis zur nächsten Trambahn-Haltestelle.

Gerrit versucht, die träge Stewardeß anzumachen, die ihm den Wein während des Rundflugs von und nach Zürich serviert hat. Er fordert sie auf, mit in das Hotel zu kommen, das ihnen die Fluglinie wegen des mißglückten Starts spendieren muß ..., ein Hotel?! Eine Beleidigung für die Gastlichkeit.

Gerrit soll sogar am Morgen tatsächlich das Pornovideo bezahlen, das er sich, betrunken in der Nacht, gönnte. Und bei dem er eingeschlafen war, bevor die Silikonbrüste und die Mammutglieder den ersten Akt vollendet hatten.

Gerrit und Gildo fliegen also vierzehn Stunden später los nach Afrika, aber zurück kann man immer kommen.
Der Weg wird das Ziel bleiben, herumfahren, anschauen, Meilen sammeln für die Meilensammlerkarte der Fluglinien.
Immerhin gibt es Champagner und Bücher über fliehende Pferde, die man lesen kann.

Kapstadt

Ankunft auf einem schwarzen Kontinent - in Johannesburg. Ein blondes, weißes Mädchen, eine Afrikanerin, bringt die Ankömmlinge in das nächste Fluggefährt. Denn die Swissair weigert sich, ihre verspätete Maschine noch weiter fliegen zu lassen. Mit Sun Airways von Johannesburg nach Kapstadt.

Kapstadt. Wer Kapstadt kennenlernen will, muß Johannesburg ertragen. Das sind Mythen, denen es nachzufahren gilt.

Ankunft in Kapstadt. Langes Warten um 23.30 Uhr vor dem Schalter der Einreisebeamten.

Beamte. Wie überall auf der Welt, so scheint es, arrogant, gelangweilt.
Zeitdiebe!

Ein wunderbares Wort: ZEITDIEBE! Gerrit ist stolz! Beamte sind ZEITDIEBE, und das global, lokal und in jedem Amtsstübchen. Beamte sind, weil sie so gewollt werden von ihren Auftraggebern, mit der Behinderung eines freien Menschseins beschäftigt. Sie sind darum besorgt, jeden möglichen Knüppel zu schmeißen, um deine Lebenszeit zu kürzen und um deine freien Gedanken einzuschränken. Ihre Aufgabe ist, durch Verzögerung jede Revolte zu verhindern, jedes Aufbegehren. Wie willst du zu einer Demonstration kommen, wenn du zuvor zehn Stempel in deinen Paß drücken lassen mußt.
Beamte sind nämlich auch Stempler, und so wie es kleinen Kindern einen Mordsspaß macht, mit Stempeln zu hantieren, so sind diese kindlichen Erwachsenen Stempler geblieben. Zeitdiebe und Staatsdiener. Und STEMPLER.

Endlich der begehrte afrikanische Stempel im Paß. Die Reise nach Afrika ist damit vollendet.

Also, endlich Afrika, Südafrika, wo die weißen Menschen wohnen an imposanten grünen Hügeln, die hinunterreichen zum Meer. Und die schwarzen Menschen in niedlichen kleinen Hüttchen in großen Townships, wo nachts die Lichter aus den brennenden Ölfässern niemals nicht ausgehen.

Es tost. Es dümpelt. Es ist naßkalt und Winter in Afrika.

Gerrit und Gildo sind bei heißen Sommertemperaturen losgeflogen von einem der reizvollsten Flecken der Welt, um an kalten Wintertagen in Afrika anzukommen.

Das rosa-weiße kalifornische Hotel riecht wie alle diese Weltenherbergen: hygienisch, frisch, sauber.

Das Ziel bleibt der Weg, die Wohnung ist der Hotelvoucher im Koffer.

Die Nacht in einem kurzen Rausch der Weite, aber nahe an der Heimat. Der Traum in dieser Nacht sind Geschichten aus früheren Leben. Gerrit wird Lokalreporter bei seinem Heimatblatt, am Eingabedesk sitzt sein damaliger Volontärsvater, der seinen Stuhl nicht räumen will für den neuen Chef Gerrit.
Ein Traumkampf, der mit dem Klopfen des schwarzen Boys endet, der das Frühstück bringt.
Croissants wie in der Schweiz, meint Gildo, der aus dem gelobten Land kommt. Marmelade wie in England, denkt Gerrit, dem das Neue mißfällt, bis es ihm vertraut wird.

Morgens ein Spaziergang auf den Klippen der Camps Bay bis hinauf zur Polizeistation, wo vereint die südafrikanische weiße Polizei und der Sicherheitsdienst Baywatch - der heißt so wie in Pamela Andersons Silicon Valley - ihre bewaffnete Arbeit verrichten. Gerrit beobachtet, wie ein bulliger weißer Baywatchmann aus dem Haus stürmt, in den weißen Baywatchwagen steigt und in sein Handy ruft: O.k., I'll check it out.

Oh, sie sprechen ja unsere Sprache hier, denkt Gerrit.

Gerrit denkt und schaut zu. Am Strand, weiß, aber unpersönlich kalt (es ist Winter in Afrika ...), meditiert eine Gruppe junger weißer Frauen mit einem bärtigen Guru; Stunde um Stunde starren sie hinaus auf das Meer, in dem sich hier die warmen Wasser des Indischen Ozeans mit den kalten Wassern des Atlantischen Ozeans mischen.

Später, im Kapstädter Aquarium, das Gerrit und Gildo aufsuchen, um dem kalten Tag eine Stunde abzutrotzen, wird er sehen, daß sich an dieser Stelle unter Wasser eine eigenwillige Zweiteilung der Arten ergibt durch das Aufeinanderprallen der verschieden temperierten Wasser.

Interessiert das wirklich? Am Rande, sehr am Rande. Aber man kann es sich ja im Aquarium mal anschauen, wenn man schon in Afrika ist.
Gerrit ist auch Meeresbiologe, aber eben nur ganz am Rande.

Inzwischen wandert Gerrit weiter durch diese Weltenoase Camps Bay, so weit weg von den Vorstädten der aufgewühlten, anderen Stadt dieses unzufriedenen Landes. Cafés wie in San Francisco, das er von früheren Reisen kennt, Pizzastuben wie in Vancouver oder im neuen Berlin. Gesichtslos, wohlbestallt, korrekt.

Du mußt ja nur die Augen zumachen, und du kannst alles haben, sagt Silke daheim.
Gerrit hält seine noch auf, denn er ist und bleibt mißtrauisch ob soviel Bekanntem inmitten des südlichen Afrika. Es kann, es wird nicht überall gleich sein?
Muß man sehen, was man kennen will?

Die Fahrt zum Kap der Guten Hoffnung, wenige Stunden später in einem geliehenen roten Corolla von Toyota auf der linken

Straßenseite problemlos an von der Wintersonne beschienenen braungrünen Landschaften vorbei, endlich auch an ersten Armenhütten vorbei, dann entlang wohlgeformter holländischer Kleinstädte.
Das Kap. Die Hoffnung. Das Erleben. Bildermachen. Essen über den zwei Ozeanen; frischen weißen Fisch, was sonst.

Der Leuchtturm, den er immer schon einmal spüren wollte und wegen dem er den Ausflug nach Südafrika eigentlich mit eingeplant hat, hält wieder einmal nicht, was er verspricht. Wehrlos den Attacken der ihn bekritzelnden Besucher ausgesetzt, sinnlos geworden, obwohl diese Stelle ihm einen besonderen Sinn gegeben haben müßte. Denn ohne diesen Leuchtturm wären Hunderte von Schiffen mehr versunken, als an den Klippen des Kaps im Laufe der Eroberung Afrikas sowieso versunken sind.

Ein wichtiges Leuchtfeuer also, für so viele einstige Einzelleben, die es gerettet haben mag. Jetzt eine Sudelstation des Welttouristen.

Wer hat eigentlich den Tourismus erfunden? Das ist ja ein ganz besonderer Schwachsinn!

Schwachsinn wie die Erfindung des selbstdrehenden Korkenziehers. Eine Orgie des Schwachsinns kommt in Gerrits Kopf. Er denkt sich alles aus, was von Menschengeist geschaffener Schwachsinn ist, und er kommt auf viele Dinge: feuchte Toilettentücher, Rasierschaumschaber, aufblasbare Plastikmädchen, Analstöpsel, aufklappbare Fingernägel, Streckbänke und natürlich die Dinge, an die man als guter Mensch sofort denken sollte: Atomraketen, Bomben, Plastiksprengstoff, Aids.
60 Stunden weg von Martin Walsers Bodensee, zwanzig Tage vor dem Ballermann sechs.
Der Weg ..., der Weg ....

Das Licht liebt Afrika, verkündet Gildo auf der Rückfahrt vom Kap der Guten Hoffnung, und Gerrit neidet ihm den Satz. Die Reduzierung der Worte nennt er sein Metier, ihm bleibt er treu. Einige Zeilen notiert er im Bay-Hotel:

Der Tag gehört den Weißen
sie lassen sich entreißen
was sie sich einst gestohlen
es wird sie überholen.

Die Nacht gehört den Schwarzen ....
er findet keinen Reim mehr, begnügt sich.

Warum wollen Menschen hier leben, obwohl sie nicht erwünscht sind? Eine friedliche Normalität wird aufrechterhalten inmitten des Krieges zwischen den Ideen.
Wann wird Besitz eigen?

Plötzlich, am kalten weißen Eck von Camps Bay, eine weite Erkenntnis (denn Gerrit ist nicht nur Meeresbiologe, sondern auch Philosoph oder Kanalarbeiter, wenn es denn sein muß): Marx hatte die letzte große imperiale Idee der Neuzeit. Nicht mehr, aber auch nicht weniger. Marx hatte erkannt, daß der weiße Gedanke nur überleben kann, wenn man das Weltendenken zu einem anderen Denkgebäude führt.
Statt es zum religiösen, zum rassistischen, zum Kampf um Räume kommen zu lassen, erklärt man alles mit dem sozialen Kampf um Besitz und zum Kampf um eine illusorische Gleichheit, ohne deren Niveau zu bestimmen. Und kann dann als Weißer, dank besserer Bildung und strenger Technik, alles behalten.

Seine weißen Mitbrüder haben es nie kapiert, obwohl die anderen, die gemeint waren, die schwarzen und die gelben und die roten Menschen voller Glut auf diese weiße Idee hereingefallen sind. Du kannst Menschenmassen vieler Herkunften nur besitzen, wenn du sie in einer sozialen oder religiösen Idee einst und ihnen Besitzlosigkeit vorgaukelst.

Es ist die Zeit der zerfallenden Imperien, weil der Marxismus zerfallen ist. Da wollte einer - von London und von der Rheinischen Zeitung aus - die Welt stabil halten, und so dankt man es ihm: Hundert Jahre später haben diese weißen Esel immer noch nicht kapiert, hier am Kap und anderswo, daß er ihnen helfen wollte. So plump, wie sie es zuvor und jetzt wieder versuchen, die Welt zu beherrschen, so plump lassen sich die Andersmenschen denn doch nicht mehr beherrschen. Was ihr zerschlagen habt, wird euch zerschlagen.
Die letzte Bastion dieses weißen Überlebenswillens findet man in Kuba, wo der Galicier Fidel Castro einen Gleichheitsmythos aufgebaut hat, der darin besteht, daß es den Weißen gut geht und den Schwarzen dreckig und daß die Schwarzen es nicht merken, weil er einfach erklärt, alle seien gleich. Und auf seiner Ranch sitzt und futtert und die Schwarzen nicht mal mehr die Brosamen aufklauben können.
Man darf ja die Bacardís dieser Welt vertreiben, ohne weiteres, aber soll man sich selbst dafür installieren?

Oh Gerrit, wie du wieder denkst! Das ist ja Weltenklasse.

Weite macht große Gedanken, die Gildo zu erzählen wenig Erfolg hat. Der versteht nur seine eigene Eitelkeit. Aber ein Schweizer darf sich das erlauben.
Selbst Hitler hatte nicht versucht, den eigenen Sparstrumpf, die eigene Bank auszurauben. Selbst dieser Weltentölpel hatte erkannt und gefürchtet und geschwäbelt, daß es einen Platz brauche, wo Diktatoren ihre Altersgroschen anlegen können.
Der Weltenkampf, ein Sparstrumpf-Verstecken?

Martin Walser ist Immobilienmakler!

Was sagt der Kritiker dazu: Dieser Gerrit in der Geschichte bisher, na hören Sie, das gibt es doch nicht, das ist doch schlecht beobachtet, und überhaupt, wo bleibt die Erotik?

Sie findet, anders als der Weltenkampf, zunächst im Kopf statt. Gildo und Gerrit sprechen noch viel auf den linkischen Fahrten durch die Townships von Kapstadt über die Mädchen von der Höri und von Singen und von Zürich.
Gerrit und Gildo, na hören Sie, sind keine Guten und völlig normal.

Kapstadt scheint entdeckt, der Weg kann weitergehen, es wird nichts mehr passieren. Tequila in der Cantina Mexicana, die an der Waterfront von Kapstadt liegt, die wiederum aussieht wie Fisherman's Wharf in San Francisco und - wetten? - auch wie ein Viertel, Gerrit kennt es noch nicht, er wird es übermorgen sehen, in Bangkok und ein Viertel, er kennt es, in Vancouver und in London. Alte Docks, umgebaut zu Boutiquen und Eßlokalen und Wechselstuben und Galerielokalen und Bars. Einige Bars, wenige Puffs. Gar keines, soweit Gerrit und Gildo das beobachten.

Das erste Bordell in Afrika, das sie sehen, liegt an einer Ausfallstraße zu ihrem Hotel, und beide fragen sich schon jetzt: War es das, ist das die Welt, oder, zumindest, ist das also Afrika?

Schon beginnt die Langeweile, die häufigen Anrufe von Zimmer zu Zimmer, was nun? Es wird erstmals die Frage diskutiert, ob man statt Sydney, das Gerrit wie Kapstadt zu sein scheint, nicht lieber nach Rio flöge. Wegen der Brasilianerinnen, meint Gerrit und leckt sich genießerisch die Lippen. Aber die Tickets kann man nicht so einfach umschreiben, es wird schon nicht so schlimm werden.
Es regnet auch noch am nächsten Tag, einem Montag, wo die Zeitungen von Kapstadt melden: "Police clamp down on Pagad -

Arrests after Mass Rally" (Cape Times), was soviel bedeutet wie, daß eine Gruppe von islamischen Coloured People (das sind Mischlinge) gegen Drogengangster (das sind Schwarze) vorgeht, sie einen davon sogar aus dem Auto gezerrt und angezündet haben und dann noch, als er als Fackel weglief, mit mehr als 30 Schüssen niedergestreckt haben und dann noch manche Häuser der Drogengangster angezündet haben ... und die Weißen hier? Sie schreiben darüber, nicht ohne Scheinheiligkeit, mit Bedauern natürlich, und die klammheimliche Freude der weißen Cape-Times-Schreiber ist zwischen den Zeilen zu lesen: Da bekämpfen sich zwei Gruppen, die beide nicht so sind wie wir und uns bedrohlich werden können und sich deshalb besser die Köpfe gegenseitig einschlagen.

Eine Geschichte wie von Bertolt Brecht, gut erzählte Realität als reale Fiktion.

Eine Geschichte auch wie von Martin Walser, nur ein bißchen größer, politischer, jenseits der See-Immobilien und der kriegerischen Bürokraten und der furzenden Fahrer.
Oh, wir sollten Martin eine Karte schreiben, sagt Gerrit zu Gildo im Souvenirshop von Camps Bay. Aber klar doch, sagt Gildo.

Die einen dieser südafrikanischen Geschichte, die Coloured People, haben eine mächtige Idee hinter sich, den Islam, und nennen schon die fremden Firmen im Land unverhohlen Mitschuldige und Ausbeuter und greifen die eingefärbte Regierung an. Und die anderen - die Pechschwarzen - verkaufen edle Drogen den Bürgerkindern und stehlen und machen Angst.

Wenn drei Schwarze in der Nacht von Kapstadt hinter dir gehen, ist dem Spaziergänger wirklich noch wohl dann? Geht man dann nicht ein bißchen schneller; wechselt man dann nicht die Straßenseite ziemlich ohne Grund, trinkt man dann nicht noch ein ungewolltes letztes Bier in einem harmlos aussehenden

Restaurant mit buurischer Bedienung? Und nimmt man dann nicht lieber ein Taxi nach "Hause", das sicher dann von einem Mischling gesteuert wird.
Vorurteile werden zu Urteilen, schneller, als einem lieb sein darf.

Gerrit ist froh, daß der Frühstücksboy am nächsten Tag ein Weißer ist. Er gibt ihm 10 Rand Trinkgeld.

Und dann kommt sie eben doch, die tatsächliche, die wirkliche, die handfeste afrikanische Erotik. Besoffen sitzen Gerrit und Gildo am zweiten ganzen Tag der Welt in der weißen Hotelbar des Bay, es stürmt draußen, es ist immer noch Winter in Afrika, der weiße Wein des südlichen Kontinents schmeckt nur hier und steigt nur hier berauschend leicht in die Köpfe; sie sitzen also an der Hotelbar, zu sehr schon vertraut mit Südafrika, um noch bei Regen hinaus zu gehen.
Zum zehnten Mal versucht Gerrit, Gildo die Welt als mehr als einen walserischen Roman darzustellen, versucht ihm klarzumachen, daß draußen die wirklichen Wirklichkeiten toben, versucht ihm klarzumachen, daß der Schweizer Zynismus die Welt, ja die Welt!, niemals weiterbringen kann, daß man echt und wirklich helfen muß oder zumindest analysieren sollte und nicht nur an seinen Unterleib denken. Und wie er so spricht, durch den Alkohol immer lauter werdend, seinen betrunkenen Reisekumpan unerhört anlabert, wie er so spricht mit Händen und Wichtigkeit und Gesten, kommen drei Leute in die Bar, die bislang nur mit Männern ausgestattet war, kommen also drei Leute in die Bar, und zwei davon sind weiblich und eine davon ist heiß ... sapperlot, da wird der Weltenkampf dann doch schnell beigelegt.

Es sind ein Pilot, eine Pilotin und eine Stewardeß der SAA, und diese Stewardeß, da wird es Gerrit nicht nur vom Wein schwindlig.

Erinnerungen steigen in Gerrit auf, alte, schön warme, geile Erinnerungen; aber Gildo ist zunächst wärmer angeheitert und schneller und besser drauf. Ein Wandel wie ein Mauerabriß bei Gildo; gequält von den im Stakkato vorgetragenen Worten des Höri-Meisters, saß er Stunde um Stunde geschlagen auf dem Stuhl. Und nun?

Ein Kopf fliegt, eine Hand pendelt zwischen Kragenausschnitt und Unterleib und seinen schwarzen, dichten Haaren und wieder rein in den Kragenausschnitt. Ein Blick wie ein Messerwurf, ein lautes heftiges Atmen. Eine Kopulation in der Baybar.

Wie sie ansprechen? Wie rankommen? fragt Gildo. Gerrit sitzt aber schüchtern in seinem Sesselchen, peinlich berührt ob der direkten Idee und der Direktheit seines Gegenübers und glücklich darüber, daß da einer ist, der es macht.

Und es gelingt! Dumm-Gerrit hätte gewettet, obwohl er es doch besser wissen müßte, daß zwei Besoffene in einer Hotelbar in weißen Sesseln dahingesunken, laut redend und verzweifelt um Aufmerksamkeit flehend, daß solchermaßen sich darstellende Darsteller niemals auch nur ein Lächeln der Angebeteten ernten könnten.

Aber ... "Where do you come from?" Diese einzige Frage, die Gildo noch einigermaßen korrekt in Englisch überbringt, bricht das nie vorhanden gewesene Eis zwischen den Gruppen, die Airliner werden locker. Die Stewardeß insbesondere entpuppt sich als willige, unterhaltungssuchende, blonde, reizende, Alkohol liebende Schöne, mit der man leicht anbandeln kann. Es geht einfach plötzlich alles, wenn du berauscht bist.

Diese verzweifelten, einsamen Versuche der Unbeholfenen, Nüchternen, wie sie an den Bartheken der Welt stehen und es nicht schaffen, die willigsten Mädchen auch nur anzublicken. Diese kollektive Verklemmung des moralischen Lebens, dieses Abklemmen des Schwanzes, bevor er auch nur einmal frei pendeln durfte, diese verlogene Enthaltsamkeit ist Gerrit und Gildo fremd. Eben haben sie noch über den Geruch der heimatlichen

Mädchen geredet, jetzt nehmen sie so schnell afrikanische Witterung auf, nimmt vor allem Gildo so schnell Witterung auf, daß es eine Freude ist, zuzusehen.

Man bestellt, auf Anraten der blonden Schönen, noch Jack Daniel's. Man prostet sich zu, Gerrit springt auf zum Anstoßen, schnellt mit seiner Hand vor, greift die wohllackierte Hand der Blondine, die sich Emalie nennt, streicht ihr in seiner aufdringlichen Art sofort über die Oberschenkel, die in Jeans stecken. Und Gerrit wird nur milde abgehalten von ihrem kaum spürbaren Widerstand.
Emalie, aufgewachsen in den wilden Steppen Afrikas, staunt über diese europäischen Flegel, die nur eines im Kopf haben. Da müßte sie unbedingt aufpassen, gehen ...

Gerrit unterhält sich mit dem Piloten, der nur Bier trinkt, aber beim zweiten Glas, wie es nicht-trinkende Piloten so an sich haben, auch schon schwere Sätze spricht.
Gildo ist offen, direkt, nervös. Er steht auf, setzt sich widerwillig kurz zurück, springt wieder auf. Warum ist keine Kamera da, denkt Gerrit, warum sieht das niemand, und ... wie mische ich da mit. Da Gerrit besser englisch spricht, hat er bald die verbale Kommunikation mit Emalie an sich gerissen.

Gildo wird immer betrunkener; Gerrit rät ihm, aufs Zimmer zu gehen, was er schließlich tut. Dafür beginnt der Pilot, ein Kerl wie ein Baum aus Simbabwe, weißer Farmersohn, seit drei Jahren für SAA unterwegs, seine Flugbegleiterin zu begehren.

Gerrit hört diese Pflichtinformationen, kann sie aber nur noch in seinen praktischen Ablaufplan einbringen. Wie kann ich, und muß ich überhaupt, Emalie isolieren, zu mir ziehen?

Erstmal aber legt der Ritter aus Simbabwe, durch die fremden Weltreisenden mutig geworden, sich mächtig ins Zeug. Er erzählt wilde Abenteuer und fummelt dabei ungeniert an

Emalies behosten Beinen herum, fuchtelt auch mal durch ihr Haar und grinst Gerrit breit und wichtig an.

Scham und Bewunderung ob soviel Tempo; aber Männer sind auf dem Weg um die Welt, und da hat man keine Zeit, auch wenn es draußen regnet ... und vielleicht gelingt es ja.

Sie ist willig, und doch noch lange nicht im Zimmer. Es fehlt der entscheidende Ansatz, die letzte Idee. Zunächst mal muß die Pilotin verschwinden ... eben denkt es Gerrit noch, und schon löst sich die Sache von selbst.

Das ist ja das Wunderbare des Zufalls, daß er sich selbst steuert und zu einem Ganzen fügt. Wie sich herausstellt, muß die Pilotin morgen wieder ins Flugzeug, während der fliegende Ranger erst einen Tag später ... und die mißtrauische, in die kommunikative Ecke gestellte Airlinerin verabschiedet sich sorgenvoll, nicht ohne die bedrohte und betrunkene Emalie eindringlich zu fragen, ob sie nicht auch schon mitkommen wolle. Aber ein blondes, abenteuerliches, südafrikanisches Mädchen, die bei zwei aufgemunterten Herren steht, wovon auch noch einer Pilot ist, geht nicht so früh aufs eigene Zimmer.

Jetzt wird auch Gerrit geil. Die nahende Entscheidung macht ihn souverän; er bestellt noch einmal drei Jack Daniel's und führt damit die entscheidende Klinge. Denn Emalie, die ursprünglich ja zu dem Whiskey aus Tennessee riet, ist nach dem vierten Glas stehend k.o., und die Hände der beiden Männer, die nun links und rechts von ihr an der Bar sitzen, empfindet sie nur noch als Stütze, auch wenn diese unverhohlen ihren Schritt stützen wollen.

Es ist Gerrit, der es schafft, die wichtige Idee zu plazieren. Weil darüber diskutiert wird, wo ein Ort namens Durban liegt, schlägt er vor, eine Karte anzuschauen, die er glücklicherweise im Zimmer habe.

Alle drei sind froh, einen Grund zu haben, dem mißtrauischen Barkeeper zu entrinnen. Gerrit bestellt schnell die Rechnung, und der Pilot führt Emalie leichthändig um die Ecke der Bar. Als Gerrit nachkommt vom Bezahlen, sieht er des Piloten Hand statt eines Steuerknüppels schon ihre Pobacke fassen. Emalie kichert, als Gerrit die beiden einholt und ihr ins Ohr beißt.

Im Zimmer will Gerrit im ersten Moment sogar noch eine Landkarte suchen in seinem Koffer, aber schon sieht er, daß der Pilot da keine weiteren Tarnungen wünscht. Emalie hat sich schwer auf einen Rattanstuhl gesetzt, der Pilot stellt sich vor sie und beginnt ihren weißen Pullover aus der Hose zu ziehen. „Let me see what you have", kommentiert er dazu, und Emalie hebt die Hände, um bald ihren blauen Seiden-BH zu zeigen. Ihre Brust quillt aus den straffen Spitzen, und Gerrit vergißt sofort die Karte und geht zur Minibar, schenkt sich und Emalie einen weiteren Whiskey ein, drückt ihr das Glas in die Hand und stellt sich hinter den Stuhl. Er krault ihr den Nacken, während der Pilot kniet, um die Spitzen des BHs und die steilen Spitzen ihrer Brustwarzen zu lecken. Gerrit stellt sich auf die andere Seite, nimmt die freie Hand des Mädchens und führt sie an seine Hose. Sie greift gekonnt an die Spitze der Erhebung und versucht bald, den Reißverschluß zu finden. Gerrit wartet nicht lange, ob es ihr gelingt, sondern befreit sich selbst und drückt ihn ihr wie einen Staffelstab in die Hand. Sie bewegt ihn sehr schnell, was aber Gerrit bald unterbindet, denn er hat keine Lust, sofort abzuspritzen. Er dreht ihren Kopf zu sich, bückt sich leicht und küßt kurz. Dabei beobachtet er, daß der Pilot „seine" Brustseite freigelegt hat, mit beiden Händen die Brust umschließt und sinnlos leckt.

Geschickterweise beginnt der aber dann, den modischen MGM-Gürtel ihrer Cerruti-1881-Hose zu öffnen und auch Knopf und Reißverschluß, wozu er, inzwischen stark betrunken, einige Zeit braucht. Gerrit erhebt sich vom Küssen, stellt sich aufrecht und öffnet Emalie die Lippen. Sie schaut kurz mit feuchtheißen Augen zu ihm auf, während sie ihn saugt.

Gerrit stellt sich wie ein spanischer Grande hin, eine Hand in den Hüften, eine Hand auf ihren Haaren, um sie fest zu führen. In seinem Kopf ist nur der eine Gedanke, diese feuchte Wärme lange zu bewahren; nur mehr sehr verschwommen sieht er, daß ihr der Pilot inzwischen mühsam die Schuhe und die Hosen herunterschält. Das alles würde für eine Videokamera schlechter aussehen als die billigsten B-Movies, die man in den Luxushotelzimmern der Welt gegen Geld abrufen kann.

Aber doch ist Emalie schließlich bis auf den von keinem der beiden gelösten blauen BH, der sich unter die Brust gerollt hat, nackt. Ihr Kopf ist zu Gerrit gewandt, sie sitzt breit auf dem Stuhl, und der Pilot, inzwischen freigelegt, möchte eigentlich irgendwie eindringen, macht dann einen Kompromiß und kniet sich vor sie und leckt ihre südafrikanischen Schenkel und bald ihre südafrikanische Frucht. Er versucht noch zu riechen, ob er da einen Unterschied merkt zu seiner Heimat, aber es scheint ihm eher genauso nach Fa fresh zu duften wie überall, obwohl ihr Saft dann eine kitzelnde Schärfe auf seiner eifrigen Zunge erzeugt.

Gerrit löst sich schließlich aus dem Mund der Airhostess, stellt das Mädchen auf, unterbrochen vom gurrend protestierenden Piloten, der aber, um einen neuen Geschmack zu spüren, zum Whiskeyglas greift; Gerrit greift in Emalies Hintern, spürt mit seinem Zeige- und dem Mittelfinger, daß sie bereit ist, mehr als bereit ist, stellt sie an den Stuhl und dringt stehend von hinten ein. Der Pilot kniet noch etwas blöd und alleingelassen vor dem Stuhl, hat die Veränderung noch nicht ganz erfaßt, setzt sich dann einfach auf den frei gewordenen Stuhl und knutscht ein bißchen mit der vorn übergebeugten Emalie, die gurgelnd zu stöhnen beginnt, ein wunderschöner Ton, ein Ton wie in den besten leisen Opernarien.

Nie hat Gerrit ein passenderes, ein melodiöseres Stöhnen gehört, und er fällt in eine Trance aus Alkohol, Musik und Lust. Nur sehr wenig trennt ihn, er ist bald hilflos verloren.

Wo sind denn all die Lehren von Vorsicht, Aids? Wo bleiben denn die angelernte Vernunft und Moral?
Erstaunlich, wie schnell der befriedigte Mann wieder zur Tagesordnung, fast ernüchtert, kommen kann. Denn Gerrit hat sich wie selbstverständlich nach seinem Orgasmus aus ihr gelöst und schwer schnaufend, aber klar denkend, auf den Bettrand gesetzt. Gerrit will noch etwas Voyeur sein, aber er fällt in einen kleinen unruhigen Schlaf. So bekommt der SAA-Pilot eine ungestörte, eine freie Emalie.

Irgendwann einmal müssen die beiden in ihre eigenen Zimmer gegangen sein, in eines ihrer Zimmer wohl, denn als Gerrit aufwacht, vielleicht eine Stunde später, ist er allein. Es ist erst später Nachmittag, er nimmt aus der Minibar eine Flasche Mineralwasser, ruft dann bei Gildo an. „Wieder erholt?" fragt er. Gildo will wissen, was passiert ist. Gerrit deutet es nur an, sagt auch, daß die Airliner vielleicht wieder in die Bar kommen. Nichts wie hin, sagt Gildo. Hat er ein walserisches Abenteuer versäumt wegen Whiskey. Oder war sein Traum, der schwere von der Heimat, wertvoller?

Nichts wie hin! ruft Gerrit ebenso, dem ein Wiedersehen aber in Wahrheit nur wenig bedeutet. Denn was gibt es noch zu reden. Durban kann er auch alleine auf der Karte finden.

Und Afrika ist schließlich erobert!

In der Bar werden die Schlachten der letzten zwei Stunden diskutiert, die Strategie analysiert, das Vorgehen gelobt und kritisiert. Emalie und der Pilot kommen natürlich nicht mehr. Aber dafür hat Kapstadt ein Gesicht, eine klar zu umgrenzende Größe; ein blondes Gesicht und eine gute Figur, und Kapstadt ist vielleicht

ja doch mehr als ein Weg und vielleicht ja doch eine der drei schönsten Städte der Welt, wie man so hört.
Gerrit und Gildo verlassen die Hotelbar, suchen Dizzys Jazzkneipe, gleich neben dem Bay-Hotel, auf, flirten mit der weißen Waitress, analysieren den erfolgreichen ersten Akt ihrer Reise, verwerfen, hoffen auf einen nächtlichen Anruf von Emalie oder ein Zeichen des Piloten.

Männergespräche! Aber Kapstadt hat einen Namen.

Emalie Kapstadt.

Hört sich doch gut an, denkt sich Gerrit.

So kann man leichter gehen, Afrika ist ein sterbender Kontinent, wie überall zu lesen steht, aber solange Emalie in Saft und Kraft existiert, was soll da sterben, und vielleicht sieht man sich ja wieder, wenn Afrika kommt. Der Pilot fliegt ab und an nach Zürich, und Emalie wird ja dann wohl mitkommen.
Afrika, das wirkliche, spielt dreimal täglich für 20 Rand im IMAX-Kino an der Waterfront von Kapstadt und wird gesponsert von BMW.

Es geht weiter, endlich weiter, man darf nicht solange an einem Ort verweilen, das ist pervers, unanständig.

Wer Afrika so gut kennt wie Gerrit und Gildo, der wechselt befriedigt den Kontinent und fliegt nach Asien.

Dienstag, 13. August

Kurz nach 15.10 Uhr: Afrika geht, Bangkok kommt.
M. wirkt beschwingt: Der Flug SA 2 weckt bei M. Erinnerungen an Emmanuelle. Ein Herbstnachmittag in einem Konstanzer Altstadtkino, die erste Begegnung mit dem asiatischen Kontinent, verblichene Reminiszenzen. „Ich suche Emmanuelle in Bangkok“, sagt M. Dann läßt er sich zufrieden zurückfallen. “Daß sie blieb, lag vielleicht an den Brustwarzen, die in wunderbar runden Lichtungen standen und violettrot aus dem Brustvlies ragten. Leuchttürme der Liebe, dachte Sylvi und suchte nach einer dazu passenden Schlagermelodie.” (Ohne einander, S. 129 f.)

Ich hingegen strecke mich in den sperrigen Business-Stühlen. Alles zu eng, die Beine zu lang, der Kopf zu schwer. Der linke Arm surrt, eingeklemmt zwischen Hinterkopf und Sitzlehne. Veuve Clicquot drückt auf die Hirnschale. Gedämpft dringt babylonisches Sprachengewirr durch das Innere des Flugzeugs. Thailändisch und Chinesisch, ein bißchen Englisch und Französisch. Der kleine Punkt auf den Bildschirmen signalisiert den momentanen Standort der Flugmaschine - irgendwo über dem Indischen Ozean. Unter uns alles blau.

20.10 Uhr, seit 6 Stunden in der Luft. Es könnten aber auch 10 oder 12 Stunden sein. M. hat sein Laptop zur Seite gelegt. Emmanuelle ist plötzlich weit weg. Sein alemannischer Kopf ist in eine halbhorizontale Haltung gedreht, der offene Mund nach oben. Das Schnarchen wird durch ein blaues Kissen gedämpft, welches er vor seinen Mund gesteckt hat: “Eine wahrhaft artistische Leistung. Am Wendepunkt vom Aus- zum Einatmen war allerdings ein kleines Röcheln nicht zu vermeiden. Sonst aber rauschte einem dieser Gesang wohlig ins Ohr, vermochte jedoch nie bis ins Innere des Kopfes zu dringen. Es waren Wellen, die hoch ausschlugen, eine glitzernd aufschäumende Brandung; sie erreichte aber den Strand nicht, von dem aus man ihr entgegensah, die Wogen schlugen vorher über sich selbst zusammen und gebaren aus sich neue Wogen, die den gleichen Lauf nahmen.” (Ehen in Philippsburg, S. 74)

Leichte Zweifel am Unterfangen, die ganze Welt im Schnellstflug zu bereisen, Bally-Schuhe auf alle Kontinente zu setzen, um drei Wochen später auf Ballermann 6 einer blonden Deutschen zu erklären, man habe den Globus gesehen. Die Deutsche wird sich ihre überdimensionierte Sonnenbrille zurechtrücken: "Auch unser Flugzeug machte einen Umweg - via München." Für Zweifel ist es zu spät. Ich schlafe vollends ein.

Mittwoch, 14. August

Kurz vor Bangkok. M. wird durch das Rattern der Maschine unsanft aus dem Schlaf gerissen. Er philosophiert pausenlos. Anders ausgedrückt: ein Weltenschwafler, doch lautes Sprechen verdrängt die Angst. "Ich denke darüber nach, worüber andere nachdenken." Oder im Sinne Walsers: Ein fliehendes Pferd mutiert zum Einhorn. Ohne einander im Dschungel Asiens. Afrika ist weit weg, mein Zürcher Hausschlüssel weniger weit, dafür ist er zwischen die vordere Stuhllehne gerutscht. Nun bin ich endgültig heimatlos. Ich bemerke den Verlust erst im Hotelzimmer.

In Bangkok. Die Maschine SA 2 landet um 8.55 Uhr in der Stadt, die eigentlich Krung Thep heißt. Der Flughafen als Eintritt ins Chaos, den real existierenden Moloch. Hochhäuser gegen Leuchtreklamen, Budweiser gegen Coca-Cola. Eine Wirrnis von Bewegungen und Eindrücken, ein Perpetuum mobile von Leben. Der erste Komfort ist die Klimaanlage. Nicht das Rad bedeutet Zivilisation, sondern die Klimaanlage. Die Luft, stickig und drückend, so, als wäre selbst der Ruhrpott ein staatlich anerkannter Luftkurort. Polizisten kämpfen mit zackigen Bewegungen gegen den Verkehr: vergeblich. Ihr Mundschutz doubelt sie zu Michael Jacksons. Tausende von Autos und Cyclos zwängen durch das Labyrinth. Wir mittendrin: Unser Taxi unterwegs zum Regent Hotel in der Radasamri Road 155. M. und ich – also Ying und Yang - werden als Gäste erwartet.

"Bangkok ist die Anti-Mike-Baum-Stadt", behauptet M. Keine Ordnung, keine Strukturen. Mike Baum ist Strukturist. Alles geordnet, die Motorbootzeitschriften sorgsam aufeinandergestapelt: “Bootsbörse” neben “Anker” und “Boote”. Kein Durcheinander, alles durchdacht. Sogar die Unterhosen sind gebügelt. Mike Baums letzte Freundin weigerte sich, Unterhosen zu bügeln. Unterhosen brauche man nicht zu bügeln, weil man sie anschließend eh trage. Ein folgenschwerer Irrtum! Unterhosen müssen gebügelt werden, sagte Mike Baum, so wie man Chrysler-Motoren öle. Er war außer sich, Ende einer Beziehung. Anschließend hatte Mike Baum 2 1/2 Wochen Liebeskummer und fuhr ohne Frauen Motorboot. Kein Aufheulen des 8-Zylinder-Chryslers, mehr ein lustloses Tuckern. Beängstigend. Dann das Happy-End: Die jetzige Freundin bügelt Unterhosen.

Kurz vor Pathumwan Verkehrszusammenbruch. Nun steht in Bangkok alles still. Außer M. Er wendet sich zum Fahrer, den Asienkenner markierend: “A big city, isn’t it?” Der Driver schweigt immer noch. “A lot of cars”, der Driver schweigt. “A big problem.” Der Driver schweigt. Der Reisebuchverleger zieht seinen Kopf zurück, dreht ihn zu mir, wird philosophisch: “Thailand, das Land des Schweigens.”

Gegen 11.00 Uhr Ankunft im Fünf-Sterne-Hotel. Dank M.s Verlegerbeziehungen sind wir Gäste des Hauses. Der Unterschied zwischen einem König und einem Reisejournalisten besteht darin, daß es keinen gibt. Reisejournalisten sind offensichtlich Könige. Wenn sie in den Luxusschuppen dieser Welt residieren, dann benehmen sie sich als solche.

M. und ich betreten die turnhallengroße Eingangshalle. Schweißnaß. Der Concierge mit weißem Mantel und weißer Mütze schleppt unsere Koffer mit all den Utensilien nach. Wir werden bereits an der Rezeption erwartet. Eine freundliche Dame überreicht uns die Zimmerschlüssel für die großartigen Suiten im obersten Stock mit Blick auf die Radasamri Road und den dahinter liegenden Royal Bangkok Sportsclub. Ich lege mich sogleich auf das frisch präparierte Doppelbett, M. bezieht sein Zimmer am Ende des Gangs.
11.10 Uhr ein schüchternes Klopfen. Ich öffne die Tür. Das Zimmermädchen bringt Früchte und Wasser. Gebe ihr 2 Dollar. 11.15 Uhr ein heftiges Klopfen: der Zimmerboy überreicht ein Buch über

die Geschichte des Regent-Bangkok. Mit vierfarbigen Fotos und handgeschriebenen Grüßen der Direktion. 5 Dollar Trinkgeld. Anschließend ziehe ich die Decke rüber, lege mich hin. Unruhiger Halbschlaf - 11.30 Uhr dreimaliges Klopfen: der Concierge mit den Koffern. Drücke ihm 20 Dollar in die Hand, weil ich keine anderen Noten mehr habe. Ansonsten könnte er denken, ich sei geizig. Leicht genervt schließe ich die Türe und montiere das "Don't disturb"-Schild. Um 11.35 Uhr klingelt das Telephon. Ich fahre aus dem Tiefschlaf. Vermutlich M., der bereits zum Mae-Nam-Chao-Phraya-Fluß, der Mutter aller Wasser, aufbrechen will, um Emmanuelle zu suchen. Doch es ist weder M. noch Emmanuelle, sondern Amanda D. Mequet, die PR-Managerin des Hotels. Eine freundliche Amerikanerin mit noch freundlicherer Stimme: "How are you in Bangkok?" Sie würde uns gerne heute abend um sieben zu einem Welcome-Drink einladen, nichts Großes, "a little dinner", um sich kennenzulernen. Völlig unverbindlich. Treffpunkt in der Lobby. Dann schlafe ich ein. Endlich ungestört. Ich sehe Pagoden, weise Mönche und sinnliche Frauen. Emmanuelle? Warum überhaupt hinaus in die stickige Luft bei solchen Träumen? Gegen 18.00 Uhr erkundige ich mich bei der Rezeption, ob das Hotel ein Schwimmbad besitze. Welche Freude, es hat eines! Der Bangkoktrip scheint sich zu lohnen.

19.00 Uhr in der Lobby. Amanda ist nicht zu übersehen. Sie trägt ein orangenes, eng anliegendes Gewand. „Oh, Matthew, oh, Many, nice to see you!“ M. starrt verlegen auf sein zerknittertes Loewe-Jacket, zeigt mit unbeholfener Geste auf sein offenes Hemd, fragend, ob man Krawatte tragen muß oder nicht. Amanda verneint seufzend: „Oh, M., it`s so nice!“ Ich flüstere M. zu, daß ich weder Krawatte noch etwas Ähnliches eingepackt habe. M. zurückflüsternd, er hätte auch nur gepokert. Wer kostenlos ein Zimmer beziehe, müsse da durch – und überhaupt, in wenigen Minuten sei der Anlaß eh zu Ende. Und M. hat auch keine Krawatte im Koffer. Aus der Hotelbar klingt Dudelsackmusik. Amanda klärt auf, in Schottland sei heute Auftakt der schottischen Jagdsaison – und was gäbe es Schöneres, als unsere Ankunft mit der Eröffnung der schottischen Jagdsaison zu verbinden. Ich stutze, gebe mich aber gelassen.

So wie M., der laut „How nice!" ruft. Heiner, der Schweizer Chef, so Amanda weiter, sei eigens in die schottischen Highlands geflogen, um einige Wildenten zu schießen. Der eingeflogene Koch werde sie anschließend kunstgerecht präsentieren – Kunstpause, Amanda hebt die Stimme –, ein Schotte selbstverständlich. Leichter Applaus. Ich zucke zusammen und frage mich, was die Eröffnung der schottischen Jagdsaison mit unserem Erscheinen zu tun hat. Doch Amanda wird noch freundlicher: Zusätzlich sei es ihr – und auch Heiner – eine große Ehre, uns den aus Dallas eigens hergekommenen Chef der Hotelkette vorstellen zu können. Doch das später. Die Champagnergläser klingen, der Apéro ist eröffnet. Ich grabsche nach den Erdnüssen, die Dudelsackmusik wird lauter. Nun geht es Schlag auf Schlag!

Amanda nimmt uns am Arm und stellt uns die ersten Gäste vor, aufgereiht wie bei einem Staatsempfang. Der erste ist ein smarter Franzose, heißt Gilles Termier und von Beruf Marketingmensch von Orangina. Wir diskutieren über die Vorzüge von Orangina in der thailändischen Hitze. Ich lobe sein Getränk, denn es kühlt. Käme Gilles Termier von Coca-Cola, würde ich es auch loben. Gleichzeitig frage ich mich: Warum gerade Gilles Termier?

Ich fürchte, es handelt sich um ein grandioses Mißverständnis. Als schreite man nach ausgiebigen Festtagsessen durch die Sauna und wird als „Herr Bundeskanzler" begrüßt.

Die 15 Minuten Weltberühmtheit, die Andy Warhol für jeden Erdbewohner forderte. M. hingegen zeigt noch keine Irritationen. Er trinkt vergnügt seinen Whiskey, murmelnd, das sei üblich bei Presseempfängen. Ein weiterer Schluck, dann die kämpferische Parole: da muß man durch!

Mittlerweile stellt mir Amanda Elaine, eine Journalistin von den Philippinen, vor. Elaine schreibt für eine vielfarbige Hotel- und Reisezeitschrift und wohnt seit einem Jahrzehnt in Bangkok. Um ihre Schultern hat sie ein goldenes Tuch aus Indien geschlungen.

Um halb acht in den Eßsaal. Unser Tisch steht in der Mitte des Raumes, feierlich gedeckt mit drei Kerzen und zwei asiatischen Figuren. Amanda stellt den anderen Tischnachbarn vor: Tom

Chapman, ein amerikanischer Reisejournalist, der seit über 20 Jahren in Hongkong lebt und eigens für den heutigen Abend nach Thailand gereist ist. Tom Chapman sieht aus wie einer, der Tom Chapman heißt: ein weit geöffnetes Hemd, amerikanische Weltfreundlichkeit, das zerknautschte Gesicht von unzähligen asiatischen Abenteuern gerötet. Er erkundigt sich sogleich bei M. nach dessen ersten Bangkok-Eindrücken. M. entgegnet, als langjähriger Reisebuchverleger wisse er bereits nach einem halben Tag Aufenthalt alles über die Stadt. Toms Blick fragend, er lebe nun ein halbes Leben hier und wisse noch nichts von Bangkok. Bei Bangkok sei er unwissend wie ein Gläubiger vor Buddha. M. lächelt, bei ihm sei das anders. Er spüre Bombay bereits in seinem Reisebuchverlegerblut. Tom leicht verwirrt: „Bombay?“ M., verlegen lächelnd, entschuldigt sich wortgewaltig für die Verwechslung: Soviele Städte, soviele Erinnerungen. Bombay-Bangkok-Berlin, die Welt sei wirklich zum Dorf geworden. Tom versteht nichts, schüttelt nur den Kopf. „Bombay, Bombay“, schnalzt er mit der Zunge.

Ich drehe mich zu meiner Tischnachbarin Elaine. Zehn Minuten diskutieren wir über die Schönheit der Schweizer Alpen. Elaine war noch nie dort. Dann zehn Minuten über die Schönheit der Philippinen. Ich war noch nie dort. Der Small talk wird allmählich smaller, der Rotwein benebelt, und plötzlich fühle ich mich sogar wohl. Bis Amanda mit einem knappen Hüsteln unterbricht, um sich bei uns zu erkundigen, in welcher Reportage wir ihr Hotel erwähnen wollen.

„In einer Weltreportage“, sagt M. - wohl eine Spur zu hastig. „Früher reiste man in 80 Tagen um die Welt, heute in 23! Das ist der Sinn unserer Reise. Und als Höhepunkt ...“ - M. hebt erwartungsvoll seinen rechten Finger, „das Hotel Regent in Bangkok!“ „Very interesting, very interesting,“ murmelt Tom Chapman. Sein Stirnrunzeln signalisiert Zweifel. Doch Amanda gibt nicht auf, bohrt weiter. „Und wer schießt die Hochglanzphotos?“ M. bewahrt Fassung, zeigt auf meine kleine Pocketkamera Pentax Zoom 60, die schußbereit neben dem Besteck liegt. Amanda ungläubig: „Diese Kamera?“ M. belehrt, mit einer solchen Kamera erzeuge man Unmittelbarkeit. Nur ein als Tourist getarnter Reisejournalist sei ein guter Reisejournalist. Als Beweis hält

mein Freund die Kamera hoch, drückt ab – klick, klick –, Amanda und Tom Chapman blicken verdutzt. M. lacht triumphierend: „Eben, das ist Unmittelbarkeit!“ Tom schnalzt nochmals mit der Zunge, „very interesting, very interesting!“ Für sein Reisemagazin benötige er eine wesentlich größere Kamera – und auch dort seien die Bilder unmittelbar. Ich glaube, er ist pikiert.
Amanda schweigt. Kurz nach 21.30 Uhr servieren zwei ganz in Weiß gekleidete Kellner auf einem Silbertablett die schottischen Wildenten, den Rücken nach oben gekehrt.
Für mich als Vegetarier eine besondere Prüfung. Ich stochere mit der Gabel lustlos im prallen Fleisch herum. Auch M. stochert, Tom lächelt gequält. Nach fünf Minuten unterbricht Tom seine Versuche, den Vogel zu essen, indem er unterkühlt feststellt, daß diese Tiere in Amerika noch leben würden. Denn wer schießt dort solch ungenießbare Vögel? Durch den langen Flug von Schottland sind sie möglicherweise fade geworden.
In diesem Moment tritt Direktor Heiner, der Jäger, an den Tisch und erkundigt sich, wie die Enten schmecken. Tom, hochrot, nickt freundlich: „Very interesting, very interesting!“
Heiner lächelt gequält. Er kommt aus den Bündner Alpen. Ein freundlicher Mann, der bereits einige Jahre in Bangkok lebt und nur zur Jagd oder um Freunde zu besuchen nach Europa zurückfliegt. Die Kultur sei hier völlig anders, nein, nein, nicht mit der Schweiz vergleichbar.

Gegen 22.00 Uhr erscheinen die Kellner und räumen die Vögel weg. Vom Nachbartisch ein freundliches Winken: Der oberste Hotelchef aus Dallas ist eingetroffen. Ein Mann von Welt, alle Amerikaner sind Männer von Welt. M. grüßt zurück. Der Spitzenmanager lächelt sogar, als ich ihm meinen Arm auf die Schultern lege. Sein Lächeln bricht auch nicht ab, als M. die Pentax Zoom 60 zum zweiten Mal hervornimmt und abdrückt. Klick-klick - Reporteralltag.

An den Tisch zurückgekehrt, referiert M. über die Anmut der Einheimischen. Er meine vor allem diese eine Szene im Film Emmanuelle. Der träge Fluß, der französische Fotograph, die winkende Emmanuelle. Niemand am Tisch kennt die Szene. Trotzdem kneift Tom die Augen zusammen, froh, endlich sein Thema gefunden zu haben. „Don’t be shy“, antwortet er, mit den Augen zwinkernd.

Gegen 22.15 Uhr bricht die schottische Dudelsackmusik abrupt ab. Amanda erkundigt sich bei uns, wie wir den Rest des Abends verbringen wollen. Für Amanda eine rhetorische Frage: Leute wie M. und ich, denkt sie wohl, wollen nur eines - nach Patpong, dem berühmtesten Freudenviertel der Welt. Ein Trugschluß von ihr, wir haben besseres zu tun. Ich will in die Sukhumvit Soi 24. Dort ist ein neues Unterhaltungslokal eröffnet worden, sage ich zu Amanda; so jedenfalls stand es im Hotelprospekt. Plötzlich bricht der Lokalreporter durch, der Beobachter, der immer zum Neuesten will.
Patpong, das heiße Vergnügungsviertel Bangkoks, gegen Sukhumvit Soi 24? M. ist es eh wurst, der Alkohol zeigt erste Wirkungen. Amanda nickt, ohne Widerstand zu leisten. PR-Frauen nicken immer. Tom Chapman hingegen verabschiedet sich. Sukhumvit Soi 24 sei ihm doch „too much“, und überhaupt befalle ihn nach diesem schottischen Essen große Müdigkeit. Nur Elaine kichert, so etwas wie Sukhumvit Soi 24 gäbe es nicht einmal auf den Philippinen.

Die Fahrt dauert nur kurz. Der nächtliche Verkehr ist weit angenehmer als der am Tag.
Kurz vor Mitternacht Ankunft in der Sukhumvit Soi, einer modernen Straße mit modernen Häusern. Drückende Hitze. Von Nummer 24 her vertraute Töne: das Kufsteiner Lied!

Bei jedem Schritt wird es lauter. „Kennst du die Perle, die Perle Tirols ...“ Fremde unter Freunden. Elaine schmiegt sich an mich, die heiße Luft drückt. „Ja, das ist Kufstein, Kufstein in Tirol!“ Das Paulaner Brauhaus an der Sukhumvit Soi 24 wurde vor wenigen Tagen eröffnet. Das Bierlokal steht im harten Konkurrenzkampf mit demjenigen auf dem Flughafen. Paulaner gegen Hofbräuhaus – der wahre Weltenkampf.
Eine Mücke sticht mich. Die vier mit Lederhosen bekleideten Asiaten der Band heben ihre Gläser. „Ozapft is!“ M. hebt sein Paulaner, ich nehme auch eines, stemme es in die Höhe. Elaine kichert. Sogar als ich mein Glas unbeholfen über ihren goldenen Schal schütte. Der goldene Gerstensaft vermischt sich mit den goldenen Fasern. „Kulturschock“, sagt M. „Kulturaustausch“, antworte ich. Die wahre Völkerverständigung.

Die Musik bläst nochmals zum Tusch, was für ein schöner Abend! Nur ein dicker Deutscher mit dem T-Shirt „I do it in Patpong!" stört die Idylle. Lallend rempelt er M. an: „Hau ab, Du Tourist!" Elaine blickt angewidert zur Seite, doch schon dreht sich alles im Kreise. Das Publikum klatscht. Der Bandleader hebt die Stimme, die Gitarren heulen: „Aber dich gibt es nur einmal für mich!"
Friede über Sukhumvit Soi 24.
Wenn es nur nicht so viele Touristen gäbe ...

Donnerstag, 15. August

Tag eins nach der schottischen Jagdsaison. Kein Lebenszeichen von Amanda. Auch Tom Chapman wirkt am Frühstückstisch reserviert. Er versteckt sich hinter der Bangkok World.
Nur einmal blickt er auf und murmelt: "Don't be shy!" M. und ich im Gleichtakt nickend: "Yes, yes!" Doch Tom Chapman nimmt es kaum war; er schaut bereits wieder in die Zeitung. Die Negation des amerikanischen Traums scheint uns zu ereilen: vom Buddha zum Bettler.

Doch der Weg ist das Ziel! Hinaus in das Leben, hinein in das Abenteuer Bangkok! Der erste Taxidriver stellt nach wenigen Minuten den Ventilator aus. Unerträglich. Wieder auf der Straße. Der zweite Fahrer ist der klassische Mittelstandsunternehmer. Er offeriert uns seine Mädchen für eine Massage. Mit Schaum oder ohne. Umständlich klaubt er mit der einen Hand ein Fotoalbum mit halbnackten Frauen aus dem Handschuhfach, mit der anderen klammert er sich an das Steuerrad. "Cheap, cheap!" Visakarten erwünscht, bar noch besser. M. lenkt ab, erzählt von der Weltreise. Der Fahrer gurgelt. Eine ausladende Bewegung: "World is so big", seine Frauen aber - noch bigger. Bigger als Wat Po.
Der Wat-Po-Tempel ist ein mystischer Ort. Eine Oase des Friedens inmitten des Weltenchaos - voller Sanftheit und Stille. Hinter den lärmenden Straßenhändlern eröffnet sich eine andere Welt: die der Mönche und der Weisen, des Glaubens und Aberglaubens - die von Buddha.

Ehrfürchtig durchschreiten wir Fremde das Portal, treten ein in eine andere Welt, lassen uns von asiatischer Exotik berühren. Zuerst nur leicht, dann schwillt es an zur Droge. Die Seele zuckt. Ein Mönch, in oranges Tuch gehüllt, bittet mich zu sich. Gucke einen langen Moment in sein breites Gesicht, studiere die wartende Haltung. Der Mann hat Zeit, alle Zeit. Seine linke Hand netzt meine Stirn mit Wasser. Während er ein paar unverständliche Worte murmelt, hängt er mir ein Amulett um. Ein vergoldeter Buddha an einer roter Schnur. Mein Glücksbringer für den langen Trip um die Welt. Ich bin ergriffen, lege unbeholfen einige Baht in die bereitgestellte Kasse. Zuwenig fürs erste, das Gesicht des Weisen bleibt versteinert. Ich schiebe eine Münze nach. Nun lächelt der Mönch. Ich bin glücklich.

Buddha ist der Eintritt in die Glückseligkeit, der Hauch des Absoluten. Das goldene Amulett krault die schwitzende Haut.
Auch M. wirkt geläutert, ein nächtlicher Traum versetzt ihn in Trance. Eine Frau sei ihm erschienen, hätte ihn umarmt, gestreichelt, geliebt. Paradoxerweise nicht in Bangkok, sondern in einem Münchner Hallenschwimmbad. M. wirkt abwesend.

Gegen 12.00 Uhr zum Wahrsager. Dieser blickt in M.s große Verlegerhände, nickt, schweift mit seinen dunklen Augen himmelwärts: “Love, big love.” M., ungewohnt hastig:
“Richtig, richtig.” Der Alte legt seinen Finger vor den Mund. Dann, gedehnt: “Yes, yes!”

Wenig später liest der weise Mann aus meiner verschmutzten Hand. Er erkundigt sich nach dem Geburtsjahr. “1-9-6-3”. Sein Assistent zeichnet die Zahlen in die Luft. Dann: Ruhe und Erleuchtung, ein Blick gen Nirwana, ein Donnerschlag. Der alte Mann lächelt: “You’re thirty-three!” Ich bin 33. Werde mich verheiraten, zwei Kinder haben, viel Glück und Besitz. Bin einen kurzen Moment verunsichert; auch M. ist verheiratet, hat zwei Kinder, viel Glück und viel Besitz – nur ist er ein bißchen älter. Leichte Irritationen, doch der Weise nickt. “Ja, er nickt. Und wie! Er nickt und nickt und nickt. Oh, schön, er nickt.” (Finks Krieg, S. 310)

Noch vom Tempel aus schreiben wir eine Karte für unseren Freund Martin.

Bangkok, 15.8.

Lieber Martin.
Wir sind nun in Bangkok angekommen.
Im Wat-Po-Tempel haben wir uns die Zukunft voraussagen lassen. Es sieht für uns beide sehr gut aus. Bangkok ist aber noch ein bißchen verwirrend. Melden uns bald wieder.

Mit freundlichen Grüßen
Matthias + Manfred

Um 20.00 Uhr zurück im Hotel. M. bekommt ein Fax aus Deutschland. Mike Baum sei beinahe im Bodensee ertrunken. Auf der Rückfahrt vom Konstanzer Seenachtfest geriet sein Boot in einen schrecklichen Sturm. Vom Thurgauer Seerücken her blitzte und donnerte es, die vier Frauen auf dem Oberdeck schrien um ihr Leben. Doch Mike Baum drückte seinen Chrysler-Motor mit 220 PS in die berstenden Fluten, hinein in das Schwarze Schlot.

Mit dem Bodensee läßt sich nicht spaßen: "Sie waren von fliegender Gischt längst klatschnaß. Er hielt seine Fockschot nur noch am letzten Zipfel." (Ein fliehendes Pferd, S. 118). Die Champagnergläser fielen übers Deck, verschwanden im tosenden Wasser. Die Frauen kreischten. Endlos. Alle und auch die Natur mit Mike Baum ringend. Doch dieser ignorierte die Warnsignale, lachte schrill, gab Gas. Rücksichtslos. Nach einer Stunde erreichte das Boot das Schweizer Ufer. Ein Seepolizist stellte ihn zur Rede:
"Anfänger!" Die Frauen, völlig durchnäßt, wandten sich empört von ihm ab, riefen schluchzend ihre Eltern an.
Mike Baum - gar ein Alptraum?

Freitag, 16. August

Das Wasser ist braun und trübe. Am Ufer: Wellblechsiedlungen, winkende Knaben und streunende Hunde. Der Fluß von Emmanuelle. M. strahlt: Erinnerung an den verbotenen Besuch im Altstadtkino, Eisschlecken und Popcorn. Zittern, leichte Erregung. Emmanuelle, unschuldig und schön, glitt durch diese Kanäle. Ein mondäner, playboyhafter Franzose mit Kamera turnte auf dem Kahn herum, unentwegt fotografierend. Er trug Koteletten. Im Hintergrund die Wellblechsiedlungen. Schwarze Flecken auf der Leinwand. Doch heute: nichts.
Geschlagene zwei lange Stunden tuckert unser Kahn lustlos durch die krabbenartigen und unzähligen Seitenarme des Mae-Nam-Chao-Phray-Flusses. Zur Abwechslung schraubt die zahnlose Bootsführerin den Motor in die Höhe, ein kurzes Aufpeitschen, die Wellen steigen in die Höhe. Dann wieder Ruhe, absolute Ruhe. "Here, Emmanuelle",

sagt M. mit alemannischem Akzent, der Frau am Steuer zuwinkend: "D`Eeemanuäl." Diese nickt zurück, doch Emmanuelle ist ihr so fremd wie Martin Walser, Dr. Barnard oder Mike Baum. Nach vier, fünf Stunden die Erkenntnis: Bangkok ist nicht Emmanuelle. Keiner mag sich, will sich an die berühmteste Bewohnerin, die weibliche Identifikationsfigur schlechthin erinnern. Kein Heidiland in Fernost. Für uns, die Emmanuelle-Suchenden, der nackte Frust. Von Süden her dunkle Wolken: Monsun kündigt sich an. M. vergißt seine Sonnenbrille auf dem Boot. Ein Ereignis an einem ereignislosen Tag, immerhin etwas zu beobachten.

Wenig später auf der Terrasse des berühmten Hotels Oriental. Der Lieblingsort von Emmanuelle, hier endeten alle Eskapaden, im Film jedenfalls. Weiße Tische und Stühle, den Blick auf den trägen Fluß gerichtet. Am Holz klebt nostalgische Tristesse. Die Scholl-Latours der Welt sitzen auf der Terrasse, starren mit kritischem Blick auf die unzähligen Boote, um mit tragenden Worten den Überlebenskampf zu kommentieren, der sich tausende Kilometer entfernt in Dschungel und Steppe abspielt. Die Zelebration des Wartens. Alles ist Warten: der Flug nach Vietnam, der Frieden in Kambodscha, das Ende von Hongkong oder der Eiskaffee. M. schweigt, auch er wartet. Er starrt auf den kleinen Sitzplatz unmittelbar am Fluß. Zwei Menschen - ein Mann mit Brille und eine jüngere Frau im Gespräch -, unauffällig, die Silhouette hebt sich nur knapp vom glitzernden Wasser ab.
M.s Déjà-vu. Langsam haucht er: "Emmanuelle." Er sieht die Frau aus dem Traum!

Unverhofft steht er auf, folgt der jungen Frau Richtung Toilette. Mit seiner linken Schulter stößt er einen Kellner. Der Brillenträger am Fluß blickt nur kurz auf. Er erkennt den Ernst der Lage nicht. Sein Blick fällt voller Melancholie zurück auf das Wasser. Die Abendsonne ist golden.
"Aber Sylvi habe bei jedem Schritt weiter ins Wasser neue Laute ausgestoßen. Schmerz, Entzücken, Lust, alles. Er, Müller-Ernst, habe nichts so deutlich erlebt in dieser Lautfolge wie die Nacktheit der ins Wasser Gehenden. Dann habe er Sylvi, als die so weit im Wasser war,

daß die Büsche und Bäume nicht mehr dazwischen waren, endlich gesehen. Es war diese Mondnacht, Nicht Voll-, aber Fastvollmondnacht. Das Wasser reichte Sylvi nicht ganz bis zu den Hüften." (Ohne einander, S. 134 f.)

Nach ungefähr einer Stunde kommt M. von der Toilette zurück. Wortlos. Schweiß perlt von seiner Stirn. Auch die vermeintliche Emmanuelle hat gleichzeitig am unteren Tisch Platz genommen. Ihr Begleiter gestikuliert mit den Händen. Nun blickt sie auf das Wasser. Ich frage M., was geschehen sei, doch dieser meint nur: "Gehen wir!"

"Draußen herrschte Sonnenuntergang. Die Sonne dankt dem Wind, der alles klärte, mit Glanz. Der Wind verabschiedet sich. Der Eindruck, es komplettiere sich zu einer ziemlich vollkommenen Trauer. Flüstere es dir in die Hand, Sylvi. Ach ja." (Ohne einander, S. 205)

Anflug auf Bangkok

Eine freudige Erwartung beschleicht Gerrit während des Flugs in den Sesseln der South African Airlines; er liest die Geschichte von Peter Arnett, dem CNN-Reporter, dessen Kapitel über Bangkok den Reisenden ohne Ziel diese unbestimmte, freudige Erwartung gibt. Gildo erklärt zwar, daß ihn die asiatische Welt nicht sonderlich interessiere, ja sogar irritiere und außerdem ... denken wir doch an die schöne Emalie.

Außer natürlich die CHINESISCHE MAUER, sagt Gildo, ja, die Mauer interessiere ihn brennend.

Aber das gleichmäßige singsangähnliche Geschnatter der nun fast ausschließlich mandeläugigen Mitflieger wiegt in eine unverhohlene Sicherheit. Es wird doch nicht ...?

Während Gerrit vor sich hin döst und eine aufgebrachte, kleine Schar dieser putzigen, geschwätzigen, immer feilschenden Chinafrauen aus Thailand oder Hongkong mit dem Duty-free-Verkäufer verhandelt, steigen die Bilder Indiens in Gerrits Kopf, das er einst sah. Da ist noch Tempo, Überlebenskampf und vielleicht Nähe (das erste Bild aber, das er beim Gedanken an Indien im Kopf trägt, ist eine blonde deutsche Frau aus Braunschweig, die ihm damals über den indischen Weg gelaufen ist und die er im WMCA von Madras in der Dusche näher kennenlernte).

Maria Indien. Emalie Kapstadt.

Das wird in Bangkok nicht anders sein, hofft er, dieser Überlebenskampf, diese asiatische Erotik, diese Dichte; eine kleine Zeitung übernehmen, so wie es Arnett gemacht hat, durch enge Stiegen hinaufsteigen in düstere Zimmer, befreundet mit Diplomatenfrauen, den Töchtern und zwei Domestiken, die sich als Hesse-Leser zu erkennen geben.

Martin Walser wird ja auf Thai nicht zu haben sein, oder?

So könnte es sein, aber Erwartungen will er keine entwickeln. Gerrit sieht eine Stewardeß, die im anderen Teil des Flugzeugs arbeitet, ihn an Emmanuelle - Sylvia Kristel - erinnert, und natürlich steigt die Szene in seine Lenden, in der es die noch junge Sylvia Kristel auf der Anreise nach Bangkok mit zwei Mitreisenden hintereinander im Flugzeug treibt.

Ein kurze Sequenz eines inzwischen alten Films, die vielleicht in mehr Hirnen ist, ha, was heißt vielleicht, ganz sicher, die in mehr Köpfen ist als Reagans Rede vor der Mauer zu Berlin: Mr. President, please open this door!

Ein Flugzeugfick denkwürdiger als eine Diktaturbefreiung? So ist die Welt niemals, so kann man sie nicht beschreiben.

Bangkok ist ein Frühstück entfernt!

Bangkok

Gerrit ist innerlich aufs höchste erregt. Er hat das intensivste Gefühl der Liebe. Dieses umfassende, ihm eigentlich nur noch als Erinnerung von pubertären Tagen bekannte Gefühl; falsch, dieses ihm eigentlich nicht mehr bekannte Gefühl, dieses auffressende Gefühl, nur eines zu wollen, zu können, nur noch mit einer anderen Person zu atmen, zu gehen, zu denken. Dieses döblinsche Gefühl der Auflösung der ewigen Suche nach dem Androgyn.

Gerrit hat sich verliebt. Nur im Traum zwar, in der ersten Nacht vom Tag eins in Bangkok zum Tag zwei in Bangkok, aber es wühlt ihn ungemein auf. Der zynische Weltenerklärer - wie Gildo es nennen würde: Weltenschwafler - sitzt baff im

Luxushotel in Bangkok und erlebt seit Jahren das erste Mal wieder, wie es ist, verliebt zu sein.

Es ist ein Traum, wie gesagt, das Mädchen, dieses Mal: Die Frau schwimmt mit einem eigenen Sohn in einem See oder einem Pool, und Gerrit und andere sind dort auch öfters. Und beim zweiten oder dritten Mal, als sie dort schwimmt, nähert sie sich ihm an, berührt ihn und erleuchtet ihn.
So sehr, daß er fasziniert aufwacht und sich fragt, könnte es das in der Wirklichkeit geben? Und sich erstmals seit Jahrzehnten wieder bewußt wird, daß es das geben kann. Daß man sich verlieben kann, umfassend verlieben.

Gerrit ist Bangkok so dankbar dafür, ihm diese Neuentdeckung geschenkt zu haben, daß er die schrecklichen ersten Eindrücke der Metropolis geradezu uminterpretiert. Sind die mit Menschen vollgestopften Plattenbauten auf dem Weg vom Flughafen zur Stadt nicht eine glückliche, dichte Kommune, wo draußen gelebt wird und doch noch ein sicherer Raum vorhanden ist?
Gibt das Gedränge der Autos auf dem Expressway - Autos übrigens, wie man sie in Europa nicht luxuriöser vorfindet - nicht einfach ein Zeichen von Wohlergehen und von Nähe wieder?

Nähe, das scheint ihm ein Schlüsselwort für Bangkok. Berührung und Nähe.
Auf einem Steg zum Fluß Chao Phraya sieht er ein älteres Paar sitzen, sie hinter ihm, sie ihrem Mann den Rücken massierend. Beide staunen ob der fehlgeleiteten Europäer mit dem merkwürdigen zerzausten, ängstlichen Aussehen, schauen diese Europäer ebenso an wie die vielleicht acht anderen Menschen, die an dieser Schiffslandestation des Chao Phraya warten. Aber sie massiert ihm immer weiter mit leicht drückenden Bewegungen den Rücken.

Undenkbar in der Öffentlichkeit im körperlosen Europa.
Völlig undenkbar in der Schweiz, wo die Menschen sich nicht einmal zum Abschied von langen Reisen in den Arm nehmen, küssen, wenn sie nicht zufällig gerade sexuell verbunden sind.
Oder in Deutschland, wo die höchste Geste eines Anerkennens, eines Sich-Erkennens oder eines Sich-Entfernens in diesem dämlichen Auf-die-Schulter-Klopfen besteht. Eine offensichtlich reduzierte Form der Bereitschaft zur Nähe, wie man sie hier findet. Wie der Steiß der verkümmerte Schwanz des Menschen ist, ist der Schlag auf die Schulter die Thai-Massage des Deutschen.

Armes, schrecklich armes Deutschland.

In gelebter Liebe sieht die Welt schlagartig anders aus, aber natürlich ist Gerrit verunsichert, weil es eine Traumliebe ist.

Kann das wirklich sein, daß ich alter Junge mich noch einmal verlieben werde?
Das für ihn Schreckliche ist, daß er es sich vorstellen kann. Daß er ahnt, daß er “nicht darum herumkommt” und daß er dafür vieles aufzugeben bereit wäre, und auch noch in einer Situation, so sagt sein Traum, an die er niemals gedacht hat. Alles Traumsymbole, aber fast scheint es ihm so, als ob er die Frau sogar nach dem Bild suchen könnte, diese “Liebe”, wie sie im Traum aussah, sich bewegte, sprach.
Träume vergehen normalerweise bei Gerrit sehr schnell. Sind weg, verschwunden, nach wenigen Sekunden, vielleicht Minuten des Bewußtseins.
Dieser Traum aber verändert zumindest den Tag, zumindest die Sicht auf die Stadt, auf Bombay, das Schreckliche.

Warum nennt er Bangkok immer Bombay?

Gestern ist ihm dies schon passiert. Erste Anzeichen vielleicht dieses Weitenrausches? Daß Mensch nicht mehr weiß, wo er ist.

Bangkok ist Bombay ist Berlin ist Beirut ...; im Paulaner Bierkeller endeten Gerrit und Gildo gestern, nachdem sie warm in dem Luxushotel Regent zu Bangkok empfangen worden waren. Diese Hotelkettenhotels, die aber einen so gleichen, so vertrauten Standard haben, daß man sie liebt, wenn draußen die Menschenmassen toben.
Über Gerrits Beziehungen als Journalist haben sie Zimmer im Regent erhalten, denn Gerrit kennt Leute, die Leute kennen ...; mit einer aufgedrehten amerikanischen Lady, der PR-Dame des Hauses, geht man tote Vögel essen.

Neben Gerrit sitzt ein amerikanischer Journalist aus Hongkong, dessen Geschäfte gleich welcher Art ihn sehr oft nach Bangkok führen.

Später, nach dem völlig mißratenen Hotelempfang, in Bangkoks neuem Paulaner Bierkeller sehen sie noch deutsch-asiatische Paare sitzen und schweigen.
Ein unerträgliches Bild, das Gerrit normalerweise für den nächsten Tag unbrauchbar gemacht hätte.

Aber siehe da, auch eine Traumliebe - die überhaupt erste Traumliebe seit Jahrzehnten - macht aus grauen Tagen rosarote Schwebegänge. Und eine herzliche Vorfreude auf die zu entdeckende Stadt.

Bangkok dampft in der Monsunerwartung; die Morgenzeitung warnt vor zweitägigen Schauern, aber schon 24 Stunden später steht fest, die Wettermenschen Asiens sind denen Europas oder Amerikas in nichts verschieden. Sie faseln tagtäglich über das Thema des Tages, das Wetter, und irren tagtäglich oder haben recht.

Prophezeiungen sind eine Spezialität der asiatischen Metropole, und Gerrit und Gildo lassen sich im Wat-Po-Tempel von einem weisen alten Mann die Zukunft lesen. Es sieht schlecht aus für Gerrit, es sieht schlechter aus für Gildo.

Sie werden alt werden, zwei Kinder haben, langsam, aber unaufhaltsam Erfolg haben; sie werden Frauen heiraten, gesund bleiben und Geld bekommen und properties = Grundstücke.

Gerrit denkt sofort an sein Seeleben zu Hause; super! Gildo freut sich auf zwei Kinder; toll!

Das Ziel Asiens ist also das Ziel Europas ist also das Ziel Amerikas.
Grundstücke, zwei Kinder, Frau, Gesundheit und LANGEWEILE.

Es regnet nicht, aber die Hitze dampft, und die Schweißflecken auf dem Hemd von Gerrit zeigen ihm: er ist fett, feist und völlig fehl am Platze. Der liegende Buddha lächelt wie der sitzende Buddha wie der kniende Buddha und sind aus dem Gold der Völker gepreßt wie aus den arbeitenden Händen der Minenarbeiter, die Mineralien suchen in den Bergen Thailands oben.

Gerrit denkt wieder, Gott sei Dank!

So weit, so tief, so gründlich.

Wie umgefällt reagiert ein westlicher junger Mann, den ein arroganter Mönch, der neben einem goldenen Buddha im Wat-Po-Tempel Wache halten muß, anspricht und seinen Namen zu wissen scheint.
Der Besucher vergaß das Namensschild abzunehmen, oder seine Freundin hatte ihn zuvor angesprochen und der Mönch hat es gehört, oder die Zuträger des Mönchs flüsterten ihm die wichtigen Dinge zu.
Gerrit spürt wegen des Liebestraums am Morgen Religiosität in sich; sie scheint aber nicht stark genug, um den Hokuspokus zu übersehen. Gut gespielt ist auch gespielt; aber gut gespielt

ist besser als normal. Das schlimmste, was Gerrit und Gildo passieren könnte, ist der Eintritt der Vorhersage des weisen alten Mannes.
Sie wissen es und sind sofort schlecht drauf. Der Tag in Bangkok - wo man durch schmutzige Wasserstraßen auf lauten Schiffen zu überhöhten Preisen gefahren wird -, die Nacht in Bangkok, wo die gestreßten, jungen Nutten in Patpong, Nana Plaza oder Soi Cowboy auf die fetten, feisten Gerrits und Gildos dieser Welt warten, wird eine billige Reportage.
Spätabends - gefälschte T-Shirts auf dem Markt von Patpong gekauft - gehen beide schließlich nach Nordamerika, in ein Lokal mit dem Namen Old West, wo eine Thaiband diese immer gültigen Lieder der Großen dieser Welt perfekt spielt: Like a rolling stone, Alecis Restaurant, Route 66, Universal Soldier ...; aber du mußt nicht nach Bangkok, um Old-West-Lieder zu hören.
Aber du mußt auch nicht nach Bangkok. Oder?

Gerrit, der die Lokalzeitungen studiert, sieht, daß in der 14-Millionen-Stadt noch nicht einmal etwas passiert. Er freut sich auf seine nächtlichen Träume, aber selbst die lassen ihn dann im Stich. Er träumt von bekannten Gesichtern mit bekannten Ängsten und bekannten Handlungen. Namen wie Nachrichten ohne Veränderung; der Liebesgeist von Bangkok dauerte dreizehn Stunden und dreißig Minuten.

Gerrit und Gildo diskutieren am nächsten Tag darüber, ob sie in einen Massagesalon gehen sollen; beide würden wohl gerne, aber beide haben Ausreden.

Mit dem Tuk-Tuk durch die Stadt fahren, das ist Leben.
Gerrit ist fettfettfett. Gildo ist feistfeistfeist.
Die Vergangenheit holt beide ein.

Die Luft in der Stadt steht vor Autoabgasen, Schmutz und Abfallgeruch. Die meisten Polizisten und Tuk-Tuk-Fahrer tragen bereits weiße Schutzmasken vor ihren Atmungsorganen. So sieht man dann doch schon mal ein Stück Zukunft hier im

Dritte-Welt-Land; Menschen mit Masken, die hinter den Masken trotzdem das unendlich ewige Lächeln der Thais besitzen. Gerrit lächelt, lächelt, lächelt zurück. Er lächelt, wenn er sich für die entspannende Thai-Massage im Wat-Po-Tempel bedankt, wenn er dem gelb gekleideten Mönch etwas gibt, wenn er im Oriental-Hotel sitzt.

Das Licht liebt Afrika.
Aber Asien lächelt.
Es lächelt über uns.

Die Suche nach Emmanuelle in Bangkok kann nicht erfolglos bleiben. Auf der Veranda des Oriental-Hotels, dem Prunkstück der Stadt, kommt sie dann.
Leider schon zuvor entdeckt von einem anderen Schreiber oder Denker oder Filmemacher oder Künstler.
Das Paar „Emmanuelle" setzt sich direkt an einen der Tische, die zum Fluß hin plaziert stehen. Die zahlreichen weißgekleideten asiatischen Kellner bemerken das junge, schöne Kind, das da im kurzen Kleidchen mit dem älteren Intellektuellen die Filmwahrheit zur realen Wahrheit machen möchte. Man braucht nicht ins Kino - höchstens um Afrika zu sehen ...; man holt sich eine Anregung und schließt die Augen, wenn man Phantasie hat.
Wenn man keine hat wie Gerrit, muß man dem Mädchen hinterhergehen, wenn sie auf die Toilette will. Im Film hat es ja auch geklappt. Gerrit verliert sich aber in dem verwinkelten Hotel, stolpert an verdutzten Obern im Speiserestaurant vorbei, schleicht den Weg zur Personalküche entlang, findet auch die Stelle im Oriental-Hotel, wo verschmutzte Handtücher gelagert werden, aber leider nicht die Toiletten, auf denen, das kann doch nicht anders sein, Emmanuelle auf ihn wartet und ihn haben will, sofort.
Oder, besser noch, es eben mit dem Kellner treibt.

Gerrit läuft ziemlich lang suchend durch das Hotel; Gildo muß sinnlos warten und eine alte Bild-Zeitung lesen. Als Gerrit

zurückkommt, ist Emmanuelle immer noch nicht zu ihrem Platz zurückgekehrt. Der Begleiter wird zunehmend nervös, das Spiel ist also real, so wie es Gerrit erkannt hat.
Endlich kommt sie von der Lobbyseite des Hotels entspannt zurück, ohne auf Gerrit zu achten, den sie vielleicht gar nicht bemerkt hat, geht zum Tisch. Sie setzt sich, indem sie den kurzen Rock so hebt, daß ihre nackte Haut auf den Rattanstühlen klebt. Sie hat nichts darunter an, da ist sich Gerrit sicher, aber er wird es nie beweisen können, weil er sich nicht einmal mehr in Hotels orientieren kann.

Der Weltenorientierer verliert sich in den Gängen des Oriental-Hotels zu Bangkok.

Gerrit sieht die Geste des Freundes, der „Emmanuelle 2000" an die Stirn faßt.
Scheinbar rein freundschaftlich und wie im Gespräch, aber Gerrit weiß: Er will ihre Temperatur fühlen, will wissen, ob sie es getan hat oder nicht. Es erregt ihn und es verletzt ihn; Gerrit, enttäuscht ob seiner Provinzialität, seiner Unfähigkeit, schaut noch beim zweiten Singha-Bier auf das Paar, das so perfekt eine perfekte Illusion spielt, und drängt dann zum Aufbruch ins eigene Heim, ins Regent-Hotel.

Bangkok, die Stadt der Traumliebe, kann gelebt werden.

Bangkok hat noch keinen Namen, aber es ist ja auch noch nicht aller Tage Abend. Die touristischen Seiten: erledigt. Wasser, Tempel, Tiere; sie sind erkannt. Die ökologische Seite der Stadt besprochen: Dickluft, Autos, Bauwut; das ist eingebracht. Die politische Seite gelesen: Korruption, Oligarchie, Königdatur; Irrtum eingeschlossen. Die wirtschaftliche Seite gesehen: Bankopolis, Straßenhändler, Tourismus; alles wird wachsen, nichts wird gut.

Spät nachmittags noch braucht der Schweizer Gildo dann seinen Schub Deutschland. Als er bei der Taxifahrt ein

Wirtshausschild "Bierbude" sieht, ist er nicht mehr zu halten. Die Luft sei gerade sehr schlecht, japst er im airconditioned Taxi mit bester Kühlung, er müsse etwas essen und ... aaah, Bierbude, das ist ja witzig, und schon steht das Taxi, und Gildo sitzt drinnen im Biertempel. Gerrit folgt brav; Gildo bestellt sich einen Hawaiitoast, wie zu Hause im Café Schroeder; er holt die Bildzeitung aus dem Zeitungskästchen und ... schau, da ist der neue Kicker! Die deutscheste aller deutschen Zeitungen.
Sportschau, immer am Dienstag in der Bierbude, steht auf einem Schild zu lesen.

Das ist jetzt Mallorca oder Gran Canaria oder Überlingen am Bodensee. Und die Musik: endlich, freut sich Gildo, ehrlich, wieder gute Musik, nicht dieser asiatische Singsang, endlich Jürgen Drews und Howard Carpendale und Hossa! Hossa! Unrhythmisch und sinnlos traktiert Gildo den Tisch. Das gefällt mir. Obwohl er seinen Hawaiitoast nicht aufißt, weil er eben doch nicht ganz so schmeckt wie zu Hause, erlebt Gildo eine gute, eine deutsche, eine heimatliche Stunde. Wenn jetzt noch irgendwo Der Spiegel zu finden wäre ...; und Gerrit begleitet den zufriedenen Freund durch die Straßen auf der Suche nach einem Drugstore; denn Der Spiegel wird in Bangkok in Drugstores verkauft.
Sicher eine besondere Ehre für das Blatt. Neben Melatolin, neben Aspirin, neben Codein, neben Geroxal: Der Spiegel, rezeptfrei zu haben.

Ein Hawaiitoast, Der Spiegel, Fiesta Mexicana. Der Tag war für Gildo ein Zuckerschlecken, und morgen geht es ja weiter an die Chinesische Mauer.

Auf der Rückfahrt mit dem Taxi zeigt der Fahrer wieder brav seine Mädchenbilder. Alle Taxifahrer hier haben ihre speziellen Puffs und Kaschemmen, die sie empfehlen. Dieser hier nennt die Spezialitäten der Mädchen. Mit der Scham Cola-Dosen aufmachen. Kein Problem.

Dreizehnjährige, die es auf der Bühne mit ihrem Bruder treiben? Kein Problem. Kerzen in allen Öffnungen (er zeigt auf eine verlebte Laotin), das macht nur sie bis zum Ausgehen der Flamme.
Als die beiden Weltenmänner nicht anspringen, kapiert der Taxifahrer: Ihr steht auf kleine Jungs, hä? Schaut euch die an ... und er bringt Bilder von höchstens zehnjährigen Knaben. Sie könnten unser aller Kinder sein, aber seine nicht. Es sind die Wenigen gegen die Normalen.
Bangkok ist auch nicht anders als Bombay.

Unbehagen wühlt in Gerrit. Das Thai-Restaurant im Hotel war super; aber es fehlt etwas.
Zu oft denkt er an die Dinge zurück, zu normal kommt ihm die Welt vor. Als ob sie gar nicht existiere, diese Welt. Als ob es eine große Illusion sei, die man nicht fassen könne. Emmanuelle, na ja, aber es fehlt eine Kleinigkeit.

Gerrit und Gildo brechen auf zum letzten Abend in Bangkok, und Gildo will unbedingt in einen dieser Tanzschuppen, wo die Nummerngirls an metallenen Stangen, auf ihre Kunden wartend tanzen. Bevor sie losgehen in die schwüle Nacht von Bangkok, trinken die beiden ein Bier an der Bar im Hotel.
Und dort am Klavier sitzt ein Mädchen, das ist nicht von hier. Ein blondes, großes, junges Mädchen mit einer glockenhellen Stimme und Liedern von den wahren Dingen des Lebens: Liebe mich unendlich. Bitte entführe mich für immer. Romeo und Julia bauen eine Brücke. Cabaret, Cabaret. What a wonderful world.

Gildo strebt hinaus zu den wahren Werten Bangkoks, in die Bordellstraße, nicht weit vom Hotel. Gerrit zögert ..., wenige Schritte in Richtung Tanzgirls, gedünstet in der dicken Luft der Monsuntage, kehren sie auf Gerrits Bitten um und setzen sich an den Tisch direkt vor dem Klavier in der Bar.

Gut, es gibt Dinge und Namen, die man nicht mehr glaubwürdig erzählen kann.
Es gibt die erhöhten Banalitäten eines Martin Walser, und es gibt eben Kitsch.

Man kann eine Sängerin, die blond ist, eine Glockenstimme hat, sanft-göttlich Klavier spielt, nicht Melodie nennen; aber wenn sie einfach so heißt (oder sich selbst so nennt), soll man sie deswegen, der besseren Realität wegen, Katja taufen oder Barbara oder Johanna. Oder wie sie eben heißen könnten, die Mädchen aus Melbourne, denn von dort kommt Melodie.
Sie selbst stellt sich jedenfalls im spätnächtlichen Taxi als "Melodie" vor, zweifelt nie, daß sie so heißt, und dann nennt die Welt sie eben Melodie.

Die Hotelbar wird zum Konzertsaal für Gerrit, die Melodien ergreifen Seele und Gefühl, und zugleich überlegt er kühl: Wann hört sie auf?
Gerrit lächelt mit ihr und fragt, ob sie etwas trinken möchte. Aber während der Arbeit geht das nicht, und natürlich warten Gerrit und Gildo auf den Feierabend der schönen Klavierspielerin.

Müssen es immer Klischees sein, die zu Wirklichkeit werden?

Melodie hat zum Glück nichts von dem Liebestraum-Mädchen von Gerrit, sondern ist eine heillose Romantikerin mit handfestem Lebensgefühl. Nach der Arbeit, es ist halb eins in Bangkoks Nacht, und Gerrit und Gildo müssen um sechs Uhr morgens am nächsten Tag weiter, zur Chinesischen Mauer der eine, nach Hongkong der andere, setzt sich Melodie, die noch nicht so heißt, zu den beiden an den Tisch; es geht noch in die Nacht Bangkoks.

Melodie singt im Taxi Thai-Lieder für den Fahrer; der starrt sie überrascht sprachlos an. Als ob er einen Stern sähe. Sie singt

bis vor ihr Lieblingslokal, und der Taxifahrer vergißt für einmal, kein Wechselgeld herauszugeben.
Er nimmt noch nicht einmal das angebotene Trinkgeld. Er schaut, nein, er starrt auf Melodie und liebt seinen Beruf wie nie zuvor.

In den wenigen Wochen, in denen Melodie in der Hotelbar singt, hat sie schon viele Männer am Goldenen Buddha an der Straßenecke mitgenommen und ihnen ihre Stadt gezeigt. Sie darf sich mit Männern nicht im Hotel treffen, deswegen ist ihr Meeting point der Goldene Buddha am Straßeneck. Nicht zu übersehen, wie sie G und G erklärt.

Im *Spin*, einem europäischen Lokal inmitten Asiens, spielt eine Live-Band, und nach zwei Liedern fordern die Musiker "Miss Melodie" auf, mit ihnen zu singen. Sie singen "Desperado" von den Eagels und eine Zugabe. Dann stellt Melodie den intelligenten, bulligen Chef des Spin vor. Der nennt ihnen die Namen der Nacht von Bangkok, des anderen Bangkoks, jenseits der Puffs, wo man eben so hingeht: Peppermint, Saxophon, Ravelight.

Melodie gehört zu dieser Sorte Mensch, die jedem, der sie kennenlernen darf, sofort Respekt abnötigt. Ohne Vorurteile geht sie überall dorthin, wo die wichtigen, die interessanten Menschen einer Stadt sind. Melodie kann zwei Wochen irgendwo sein und wird mehr und interessantere Leute kennen, als Gerry und Gildo nach Jahren. Zumindest als Peter und Paul und Margarete, die auch meinen, sie sollten reisen. Melodie ist eines dieser Naturwunder, wie es sie geben sollte, allüberall. Und wenn man Melodie trifft, jede Melodie an jedwelchem Ort, wird man auch einen Funken dieser Weitläufigkeit, dieser Großzügigkeit, dieses Lachens im Herzen miterleben dürfen.

Also kann man doch leben in Bangkok! Wenn es solche Kneipen gibt und solche Kneipenbetreiber, dann kann man leben in einer Stadt. Wenn es die Café *Schirns*, die Weinstuben, die

Kaufleuten, die *Rick's* dieser Welt auch in Bangkok gibt, dann schickt mich doch nach Bangkok für immer, denkt Gerrit.
In dieser Nacht wird ihm die Stadt nahe genug, um wiederkommen zu können.

Gerrit, Gildo, Melodie gehen ins Saxophon; da Gildo nichts sieht und ganz auf Melodie abfährt, kann sich Gerrit dem Lokal widmen. Er ist aber verärgert, weil er gerne ein paar romantische Stunden mit diesem hübschen australischen Mädchen verbracht hätte. Das wird nun nicht möglich, weil Gildo einfach nicht geht. Er bleibt, er greift, er unterhält.
Melodie gewöhnt sich daran und lacht schließlich laut mit. Romantik ade, aber Lachen ist schöner, und Schweiger haben wir genug auf der Welt. Ein Toast auf die Unterhalter! Auch wenn sie einen australischen Eros in Bangkok verhindern. Doch solche Wünsche gehören dem zweitklassigen Weltenbummler, der nichts anderes sieht als nur seine private Geilheit.

Diese Sucht nach sinnloser Kopulation, ohne Wunsch nach Vermehrung, nur nach Lust. Was für eine primitive Idee, die da den Köpfen der Menschheit entsprungen ist. Als ob man sich vereinen könnte - mit Lust, mit Weisheit, mit Sucht -, wenn man sich nicht vermehren will. Und doch haben die Prostituierten von Bangkok auch Spaß an ihrer Arbeit, und es wäre nicht so ganz recht, wenn man die westlichen Menschen ausließe. Etwas Besseres als den Tod - so sagten schon die Bremer Stadtmusikanten (und es ist kalt in Bremen, fast immer) - werden wir überall finden. Der Verzicht auf eine schnelle Vereinigung, wie er sich für Gerrit hier in Bangkok unvermeidlich anbahnt, schmerzt ihn nur wenig. Vielmehr läßt er sich auf die billigen Witze seines Freundes schließlich ein und lacht mit. Auch Lachen gehört ja zu den menschlichen Fähigkeiten, die man angeblich bei einfacheren Spezies nicht findet. Dabei sind die Pointen manchmal grausam schlecht, hier, zur Nacht, im heißen, lebhaften Bangkok.

Gerrit sieht die thailändischen Motor-Biker, die im später aufgesuchten *Peppermint* verkehren und so sanft sind, wenn sie sich grüßen und verabschieden. Melodie macht ihn darauf aufmerksam: Da die harten Jungs, lange Haare, die sicher von Mädchen in Patpong leben, und ihr thailändischer sanfter Gruß: das Zusammenlegen der Hände in Nasenhöhe und das leichte Beugen des Kopfs dazu.

Im Hintergrund harter Sound von einer Liveband. Westliche Bewegungen, aber auf der Galerie oben sitzt man in thailändisch-asiatischer Kniehaltung ohne Schuhe an tiefen Tischen. Die Kellner nähern sich auf Knien. Unten spielt die Band Scorpions und Metallica und Street fighting man; und oben auf der Galerie, wo die drei sich hingesetzt haben, rutscht der Kellner auf Knien zu den Gästen. Er rutscht auch auf Knien hin zu Melodie, die sich inzwischen vor Gildos Penetranz auf eine Tischbank geflüchtet hat, um ihr zu sagen, man müsse unten sitzen bleiben und nicht dekadent den Hintern in Eßhöhe plazieren.

Gerrit weiß, daß die Thais ihre Welt verlieren werden. Street fighting man wird gewinnen! Harley Davidson wird gewinnen. Coca-Cola hat schon gewonnen. Benetton, Planet Hollywood, Gucci, Red Bull - die alle schon da sind - werden auch noch siegen.

Die letzten Gesten einer eigenen Welt werden von den Ignoranten der westlichen Länder mit ihren fetten Bäuchen und breiten Hintern und ihrer unendlichen Arroganz vernichtet werden.

Sie hören nichts, sie sehen nichts und sie reden doch.

Ununterbrochen blubbert Gildo auf Melodie ein, die ein wirklich breites Rückgrat haben muß und diese wunderbare Eigenschaft des Erlebens und des Wunsches nach Erfolg und Glück und

Lachen. Ein Mädchen, das man kennen würde, wenn man etwas Zeit mitbringen könnte.
Aber der Weg, der Weg ...

Buddha wird lächeln und sich freuen. Er stellt keine Forderungen, er weckt keine Wünsche, er bietet nur an. Wenige werden ihm folgen, aber er wird sie wegschicken auf ihren eigenen Weg. Und dann werden noch weniger übrigbleiben; aber diese werden lächeln dabei. Und wenn nur ein Körper übrigbleibt, es genügte für Buddhas Seele. Mehr als einen Körper braucht der Weise nicht. Und wenn der letzte Körper verschwunden ist, dann schließlich?

Nun, dann lacht Buddha und geht wie der Tropfen in das Meer zurück.

Bangkoks Namen wird besonders schön. Die Stadt hat ihn sich bei der Ankunft nicht verdient, aber über die lange Zeit der Anwesenheit, über die Eindrücke, Erfahrungen, Gespräche erobert:

Melodie Bangkok.

Auch für Gerrit ist Bangkok nun nicht mehr Bombay oder Berlin oder "B". Der Weg kann sinnlos weitergehen, und die neue Heimat ist nur zweieinhalb Flugstunden entfernt.

Samstag, 17. August

Nach kurzem Schlaf zum Bangkok-Airport.
Mit Melodie, der hübschen Pianistin des Hotels, hatten wir uns gegen 1.00 Uhr morgens vor dem Goldenen Buddha an der Radasamri Road verabredet. Sie stand da, die eine Hand schützend vor der Nase. Bangkoks Smog drückt auch in der Nacht. In der großen Eingangshalle des Hotels hatte sie dreimal „Let it be“, viermal „Amor, Amor“ und auf Wunsch eines Amerikaners „White Christmas“ gespielt. Für M., den Emmanuelle-Suchenden, ist Melodie das Original und dies, obwohl sie aus Australien kommt.
Wieviele Emmanuelles kann ein Reisebuchverleger ertragen? Ein bißchen Gefühle, ein bißchen Flirten, gegen 5.00 Uhr früh zurück im Hotel. Der Abschied von Thailand ist kurz und schmerzlos, ohne Sentimentalitäten, von PR-Frau Amanda eine eilig geschriebene Karte auf dem Sekretär: „Goodbye!“ Mehr nicht. Das Frühstück erfolgt im neueröffneten Hofbräuhaus inmitten des Flughafens. M. trinkt ein original bayerisches Bier - standesgemäß. Einstimmung auf Ballermann 6. Blau-weiße Lettern künden auf thailändisch das Oktoberfest an. Im Innenhof stellt ein asiatischer Bautrupp ein überdimensioniertes Bierzelt auf. Doch der Oktober ist noch weiter weg als Peking. Ich verabschiede mich von M., umarme ihn, was sonst nicht meiner Art entspricht. Die Wege trennen sich. M. wird nach Hongkong fliegen, ich nach China. Die Chinesen haben ihm, dem einstigen Jungsozialisten, das Visum für das gelbe Reich verweigert. Die letzten Bastionen seiner realexistierenden Weltanschauung bleiben ihm verschlossen, im Gegensatz zu all den businesstrunkenen Singalesen, die die chinesischen Flugschalter stürmen.
"Mach das Foto!" sagt M. Schon spüre ich dieses Unbehagen, sich mit ganz China anlegen zu müssen. DAS Photo! Eigentlich der einzige Grund, um ins Reich der Mitte zu reisen.
Um 11.40 Uhr mit den Thai Airways International TG 614 über dem chinesischen Festland.
Durch die Luken erkenne ich ein zerklüftetes Gebirge und einen Mäander, der sich durch unendliche Landschaften schlängelt. Unberührte Weltengebiete. Für einen kurzen Augenblick glaube ich

sogar, schottische Wildenten zu sehen, die nordwärts ziehen. Erste Reisesymptome. Der lange Flug nach Peking. Kein Lachen, keine Fröhlichkeit, wie anders war der Flug nach Bangkok; Lehrstück eines Beobachters: Asien ist nicht Asien. Die Stewardeß verteilt Geschenke: eine Tafel Schokolade und eine Weltzeituhr. Per Knopfdruck sind die verschiedenen Zeiten ablesbar: Sydney, Paris oder Rom. Orte, die die meisten Chinesen niemals sehen werden. „Only for the business class“, sagt die Stewardeß. Sie lächelt.

Völlig unerwartet muß ich an Mike Baum denken. Warum gerade Mike Baum? Welche Absurdität: Hoch über dem chinesischen Festland sind meine Gedanken bei einem braungebrannten „local hero“ am Bodensee. Im Sommer gibt er Wasserskikurse, 13.30 Uhr Treff beim Bootssteg. „Wer seine Sonnenbrille nicht trägt“, lehrt Mike Baum seine Schülerinnen vor dem ersten Training, „sieht anschließend aus wie ein Chinese.“ Wasser auf bloßer Netzhaut verziehe die Augen zu Schlitzen. Die Mädchen lachen schüchtern. Dieser baumsche Humor macht wehrlos!

Die Landung auf dem Pekinger Flughafen planmäßig um 16.45 Uhr. Eine kleine Anlage, viel kleiner als diejenige von Mallorca, direkt schon schmuck. “Manchmal ist alles eine Frage der Relationen“, würde M. philosophieren – doch M. ist weit weg. Die Zollabfertigung verläuft so schnell wie in Liechtenstein oder Monaco. Der Zollbeamte stumm. Kein böses Wort. Ich fühle mich trotzdem unwohl, verdammt unwohl sogar. Auf einem großen - und doch nicht allzugroßen Schild die Aufschrift “Welcome in China”. Der seelische Einbruch ist nur von kurzer Dauer. Bereits beim Flughafenausgang werde ich von der Eitelkeit des Fernsehmannes gekitzelt. Ein breitschultriger Chinese hebt ein Hotelschild mit meinem Namen in die Höhe. Daneben eine zierliche Chinesin in dunkelblauem Jackett. Sie lächelt.
Fast schon zwingend der Griff zur Kamera. Doch meine Kamera ist zuunterst im Koffer. Schlechte Planung. So staple ich auf dem gereinigten, ideologisch blitzblanken Boden des Pekinger Flughafens meine Wäsche, den Waschbeutel, die Kleider, die Schuhe und die drei Bücher von Martin Walser, um meine Kamera zu suchen. Dann beim

letzten Griff zur Pentax Zoom 60 stelle ich fest, daß der Film zu Ende ist. Aufgebraucht in Bangkoks Hofbräuhaus, M. mit einem Bierhumpen vor der Bayernflagge als letztes Bild.
Eine Unpäßlichkeit, unverzeihlich sogar, die Reise nach China ohne Film anzutreten. Diese Reise rechtfertigt sich nur durch DAS eine Foto. Ein Foto ohne Film? Da nützen alle Buddhas um den Hals nichts. Schlechtes Omen, Fassung behalten. Ich packe die Waren wieder ein. Unordentlich. Der Mann mit der Tafel entpuppt sich als Fahrer des Swissôtel. In China liebt man Steuermänner. Die Dame mit dem freundlichen Lächeln ist die staatliche Reiseleiterin. Weiß Gott, was sie hier sucht.

Die Fahrt vom Pekinger Flughafen in die Stadtmitte ist wie alle Fahrten von Flughäfen. Eine breite, mehrspurige Autostraße, leer. Am Straßenrand Werbeschilder - und weit weniger häufig Parteiparolen. In der Ferne die Skyline von Peking: Hochhäuser, wie sie auch in Frankfurt, New York oder Bangkok stehen könnten. Nur in Nußdorf nicht. Doch etwas anderes irritiert: das Licht. Mildes Herbstlicht überzieht die Landschaft mit einem sanften Schleier. Lieblich und weich, voller Indian Summer. Auch die chinesische Reiseführerin ist irritiert, weniger des Lichtes wegen, sondern aufgrund meiner Reise. 24 Stunden für China scheint ihr zuwenig: “Big country, big country.” Entgegne, daß ich Japan zum Beispiel gar nicht besuchen werde und Hongkong nur einen Tag. Die Chinesin ist beruhigt, schmunzelt, übersetzt es für den breitschultrigen Fahrer. Dieser schmunzelt zurück. Schmunzeln verbindet fremde Kulturen. In ein allseitiges Gekichere kippt das Gespräch, als ich erkläre, daß Maos Todestag auf meinen Geburtstag falle. Das hebt die Freude; Mao verbindet. Der Fahrer stößt ein ruckartiges, abgehacktes Lachen aus, dreht die Scheibe nach unten und spuckt hinaus. Mit zunehmender Nähe der Stadt nimmt auch die Anzahl der Radfahrer zu.
Ein gleichmäßiges Gleiten von allen Seiten, ein rhythmisches Geklingel. Spätherbst in China. Peking hat etwas Beruhigendes, etwas Melancholisches. Nichts vom Bangkok-Moloch oder den Rassenunruhen Kapstadts. Eine vertraute Fremdheit. Das Buddhaamulett auf meiner Brust leuchtet, die schwarzen Reifen des Toyotas kreischen.

Um 17.10 Uhr Tian An Men. Der größte Platz der Welt, ein Meer von Steinen. Urplötzlich ist er da, taucht aus dem herbstlichen Dunst auf. "Tian An Men", sagt die blaugekleidete Reisebegleiterin, nachdem sie sich vom Lachanfall erholt hat. Tian An Men bedeutet Macht. Trotz der unzähligen Kinder, die hier ihre Drachen steigen lassen. Heerscharen der Chinesen harren mit gebannten Gesichtern des allabendlichen Fahneneinzugs vor dem Tor des Himmlischen Friedens. Vater Mao lächelt gütig von der Balustrade. Als Wandbild. In der Halle des Volkes brennt Licht: Die alten Herren der Revolution kümmern sich wohl unentwegt um das Wohl ihres Volkes.
Wie so manche Bürgermeister zu Hause. Diese kleinen Dengs. In deren Amtszimmern geht das Licht auch nie aus, obwohl sie sich längst in der gegenüberliegenden Weinstube ein Viertele genehmigen. Stromverschwender.
"Karrieresüchtig kippt ihr nach vorne, laßt das Hintere im Abseits veröden. Wenn's dann ernst wird, bestellt ihr Proctologenlyrik. Ach, ihr so verlorenen Ärsche." (Finks Krieg, S. 297)

19.30 Uhr. Erstmals seit Kapstadt Schlottern. Durch das Tor des Himmlischen Friedens dringt penetranter Uringeruch. Wer wagt hier zu pinkeln? Überall Militär, patroullierende Polizisten. Wahrer Heldenmut. Dahinter die Verbotene Stadt. Frühe Jugenderinnerungen: Was versteckt sich hinter deren Mauern? Kinderfragen. Nun weiß ich es: Fotostände und Souvenirläden. Kaufe einen Kodak Gold 36 für das Bild. Mein Bild. Zurück ins Swissôtel. Durch die getrübten Fenster fällt der Blick auf einen Hinterhof. "Ich sehe durch das Fenster direkt auf das Tor des Himmlischen Friedens", erkläre ich meinem Arbeitskollegen Peter Röthlisberger am Telephon: "Vor mir Maos Bild!" "Wahnsinn", staunt dieser: "Und ist es gefährlich?" "Nicht ungefährlich", bluffe ich. Denn das Gefährlichste kommt noch: das Photo mit dem T-Shirt.

Eigentlich reist man immer für die Daheimgebliebenen - welch triviale Weisheit! Im bayerischen Keller vom Kempinski-Hotel ist noch Oktoberfest angesagt. Doch eine Kulturrevolution reicht. Ich lege mich ins weiche Bett. Bin nervös. Schreibe eine Karte:

Peking, 17.8.

Lieber Martin.
Morgen wird mein Lebenstraum erfüllt: Ich werde die Chinesische Mauer sehen. Manfred hat als Deutscher kein Visum für China bekommen (aber vielleicht hat er es Dir schon mitgeteilt). Du kennst Sie ja, die Bürokraten.
Bis bald, Matthias

Sonntag, 18. August

Unruhiger Schlaf. Um 5.00 Uhr stehe ich auf, schlotternd vor Kälte. Behutsam öffne ich meinen Koffer, suche nach dem in Zürich eigens bedruckten T-Shirt (welches sicherheitshalber zuunterst liegt) und ziehe es über den bloßen Oberkörper. Darüber knüpfe ich die in Bangkok erworbene Imitation eines Ralph-Lauren-Hemdes - als Schutzschild. Kontrollblick in den Spiegel. Von der ketzerischen Parole auf dem T-Shirt ist nichts zu sehen. Vorbereitungen auf das Foto. Die Kamera, mit Film, in der linken Hand. Allzeit griffbereit.

Herr Wing, der Chauffeur, wartet pünktlich um 6.00 Uhr in der Eingangshalle des Swissôtel. Pünktlich, wie mit der hübschen Chinesin von der Rezeption ausgemacht. Das Swissôtel ist einer jener kommunistischen Prunkbauten, die zur Zeit der Revolution erstellt wurden. Auch die unzähligen Schweizer Kreuze, Schweizer Speisen und Bilder von Genf können das Hotel nicht zur Sennenhütte machen. Für ein Entgelt von rund 200 Franken fährt Herr Wing Reisende von Peking zur Mauer und zurück. Sein Englisch ist schlecht, zwei Worte prägen den Sprachschatz: “Wall, big”, unterbrochen von einem tiefen Rülpser. Die Fahrt führt durch die unendlichen Vororte Pekings. Ein bißchen gute alte DDR, Plattenbauten und Parteiparolen - nur viel größer, viel östlicher und weniger deutsch.

Baukolonnen werkeln an der Straße, Herr Wing drückt auf die Hupe, die Arbeiter springen zur Seite. Dann dreht er sich stolz nach hinten und rülpst. 1,4 Milliarden rülpsende Chinesen erzeugen das Weltengerülpse, den Urknall. Doch meine Sorge gilt dem T-Shirt mit der kämpferischen Forderung. Strategie der Übung: Hemd auf, Leibchen raus, im Hintergrund die Chinesische Mauer - und dann das Photo. DAS Photo als Mutprobe. Als Existenzberechtung. Mein Herz pocht, kann Herr Wing überhaupt fotografieren? Oder noch schlimmer, hat er gar in Ostberlin, Leipzig oder Dresden deutsche Sprache studiert? Ich spreche ihn auf deutsch an. Keine Reaktion. Beschimpfe ihn. Keine Reaktion, nur ein mittelkleiner Rülpser.

Vor Badaling unsanft aus halbverwirrten Gedanken geworfen. Durch die getönten Autoscheiben Wachtürme und Befestigungsanlagen. Herr Wing nickt stolz: "Wall, big", rülpst und bietet mir eine Zigarette an. Ich zucke zusammen, erschrecke, so schnell habe ich die Mauer nicht erwartet. Doch mein Reisebuch schafft Abhilfe, bei Peking, so lese ich, ist die Mauer dreifach gestaffelt. Zur Täuschung. Ein dreifaches Gerülpse. Hilfsmauern schützen das eigentliche Bauwerk. Doch die endgültige Annäherung an die wahre, die Große Mauer ist ein quälendes Prozedere. Auf der schmalen Straße drängeln sich Lastwagen und Reisebusse langsam zum Weltwunder empor. Stechende Abgase breiten sich aus. Herr Wing hat aufgehört zu rauchen. Er schließt das Fenster. Air-conditioned. Und dann - Sonntagmorgen, 9.50 Uhr - erreiche ich endlich mit pochendem Herzen, voller Nervosität, einem versteckten T-Shirt und einer Pentaxkamera das langersehnte Ziel. The Great Wall. Wie ein Drachen zieht sich das steinerne Ungetüm über die hügelige Landschaft hinweg. Nur an der Autobahnbaustelle zwischen Zürich und Winterthur wurde länger gearbeitet.

Bei Badaling ist die Mauer ein Rummelplatz. Ballermann Badaling. Reisebusse stehen dichtgedrängt auf einem großen Parkplatz. Unzählige Kioske bieten Fujifilme, Poster, T-Shirts und vereinzelte Mützen des großen Steuermanns an. Das Beunruhigende: unzählige Herr Wings stehen da. Alle im Gleichschritt. Die gelbe Wingvasion!

Beängstigend: wohl jeder zehnte Chinese arbeitet für den Geheimdienst, ein Teil spricht deutsch. Buddha schwingt im Gleichtakt zum pochenden Herzen. Darunter das Leibchen.

Ich überhole mit Herrn Wing die Kolonne der wartenden Chinesen - Ausländer haben Vorrang. Die schmale Treppe führt zur Mauerkrone. "Wall, big". Herr Wing streckt die Hand aus, doch außer Nebel beinahe nichts zu sehen, der chinesische Morgentau wölbt sich über den Talkessel. Die Zeit drängt. Ich drücke Herrn Wing meine Pentaxkamera in die Hand, entblöße das Hemd.
Der Moment der Wahrheit. Die Aufschrift „Die Mauer muß weg!" ist deutlich lesbar. Herr Wing drückt ab, doch ich sehe seinen Finger vor dem Objektiv.

Zweiter Versuch: klick-klick. Ich schließe vorsichtshalber das Hemd, rudere zur Ablenkung mit den Armen. Herr Wing versteht nichts. Dann laufe ich einige Meter an Hunderten von Touristen vorbei, wische mir - symbolhaft - nichtexistenten Schweiß von der Stirn, um vor Herr Wing zu legitimieren, warum ich das Ralph-Lauren-Hemd ein weiteres Mal öffne. Herr Wing stört dies nicht. Er kämpft mit den Tücken meiner Kamera. Sein Finger ist unentwegt am Drücker, vor lauter Fotografieren vergißt er zu rülpsen. Der Nebel löst sich auf, die Chinesische Mauer wölbt sich - fotogerecht. Ich bin glücklich, befreit, Aktion gelungen. Bis ein Chinese kommt und mit geradem Finger auf meine Brust zeigt. Endzeit? Geheimdienst, Armee? Er lächelt, wie alle Chinesen lächeln: "Ralph Mc Lauren!" Seine Stimme zittert. Ich antworte: "Ralph Mc Lauren". Die Aufschrift auf dem T-Shirt hat er nicht gelesen. Glücklicherweise. Mittlerweile blickt Herr Wing theatralisch auf seine Armbanduhr und drängt zum Aufbruch. Vorbei an einer unendlichen Masse von Menschen, die das Bauwerk besteigen. Zurück nach Peking. Das T-Shirt verstaue ich unter den Walser-Büchern in meinem Koffer.

Um 21.00 Uhr bereits wieder in einer Maschine der Hongkong Dragon Airlines KA 903. Es rüttelt und schüttelt gewaltig über dem chinesischen Festland. Übelkeit. Gegen 23.00 Uhr werde ich M. in der Hotelbar des Regent treffen. Eine weitere Karte.

Über China, 18.8.

Lieber Martin,
die Berliner Mauer war kleiner als die Chinesische. Doch diese steht immer noch und ist sehr beeindruckend. Viele Chinesen, noch mehr Steine. Freue mich auf Hongkong.
Bis bald, Matthias

Montag, 19. August

Nach den Privilegien als Reisejournalist der Wunsch, zu leben wie ein Hongkongchinese.
Für eine Nacht jedenfalls. Wer sich einmal im Bett um die eigene Achse dreht, ist beinahe schon auf dem chinesischen Festland. Doch Authentizität hat ihren Preis: Die Nacht im 4-Sterne-Hotel in der Nähe des Hafens kostet rund 220 Dollar. Der Concierge ist so unfreundlich, daß ich gar nicht wage, die obligate Frage nach Hongkongs Zukunft zu stellen. Doch vielleicht ist diese Unfreundlichkeit auch ein Schutz, das doofe Ausfragen zu unterlassen. Als Reporter in Hongkong ist es jedenfalls Pflicht, über die Zukunft der Stadt nachzudenken. Hongkong, das Eldorado der Propheten.

Statt dessen befrage ich den Taxifahrer. Taxifahrer ist jener Berufsstand, der am meisten ausgefragt wird. Jeder Reporter befragt zuerst den Taxifahrer. Professionelles Menschenkennenlernen nennt man das, soziale Zusammenhänge ergründen. Mein Fahrer will Hongkongs Zukunft zuerst abwarten, dann schweigt er vielsagend. Viel anderes bleibt ihm auch nicht übrig. Ich nicke trotzdem, lasse Bedauern, ja Anteilnahme, spüren. Doch das ist ihm egal. In der Nähe des Peninsula-Hotels verlasse ich das Taxi und dringe in das Chaos von Kowloon ein. Ein Labyrinth von Straßen, Sexshops, Boutiquen,

Kinos, Restaurants, von Gerüchen, Stimmen und Lärm. By the rivers of Babylon. In einer Seitenstraße der Nathan Road haut mich ein kleingewachsener Mann an: "Where do you come from?" Die Sekunde der Entscheidung. Antwortet man, so zieht es einen unwiderstehlich in den kommerziellen Sog Hongkongs. Antwortet man nicht, dann auch.

"Switzerland." "Ah, Switzerland, Switzerland", ein hysterisches Hintereinanderreihen, dann die Erkenntnis "mountain big, so big". Ich folge ihm durch eine unscheinbare Türe, die in einen dunklen schmuddeligen Gang mündet. Es stinkt nach Tierkadavern. Den Geldbeutel bereits aufgegeben, kommt eine gläserne Vitrine mit vielen Uhren zum Vorschein. Ein Strahlen in seinen Augen: "Swiss watches." Allesamt gefälscht. Kaufe eine silberne, die weit teurer als die goldene ist: Ein Schweizer mit Schweizer Uhr. Ein Verräter inmitten von Hongkong.

Mike Baum hingegen würde auf das Original schwören. Mit einem gefälschten Chrysler hätte er das sommerliche Unwetter vor Konstanz kaum überstanden. Schon ein Volvo-Motor wäre wohl problematisch gewesen: "Jetzt war der See schon eine hellgrüne und weiß fauchende Fläche. Klaus Buch schrie vor Vergnügen. Helmut dachte, vielleicht ist er wirklich verrückt. Klaus schrie Helmut zu, der solle sich auf den Bootskörper setzen. Helmut setzte sich hinauf. Sie schossen jetzt in rauschender Fahrt in Richtung Schweiz. Außer ihnen war kein Boot mehr auf dem See. In Ufernähe sah man segellose Boote wahrscheinlich mit Motorkraft auf die Häfen zustreben." (Ein fliehendes Pferd, S. 117)

Ich binde mir die Uhr um. Sie wirkt gut, gibt einen professionellen Touch. Uhren entscheiden über die Männlichkeit. Der Händler bedankt sich mit einem tiefen Bückling, unentwegt lächelnd: "Good watch, good watch!" Es ist, als drücke ein Kloß auf meinen Magen, ich stelle die Frage nach Hongkongs Zukunft. Der Mann blickt auf, verschmitzt grinsend. Dann zeigt er mit seinem schmutzigen Finger auf sich: „I don't understand, I don't speak English!"

M. ist in einem der Harbourviewzimmer des Regent-Hotels einquartiert, in einem der besten des Hauses. Wieder umsonst. Der Reisebuchverleger mutiert zum kleinen König. Wenige Minuten zuvor hatte er einen Termin beim deutschen Generalmanager Thomas Axmacher.
A little drink, ein paar Nettigkeiten, Gedanken zu Hongkongs Zukunft. Nichts Neues, aber es prägt. Ich hingegen bin verschwitzt, ausgepumpt, habe Kopfschmerzen und eine gefälschte Schweizer Uhr. Auf M.s antikem Biedermöbel eine Postkarte, die noch nicht abgeschickt wurde.

Hongkong, 19.8.

Lieber Martin.
Hongkong beeindruckt mich so sehr, daß ich nicht bedauere, daß mir die chinesischen Bürokraten das Visa verweigert haben. Aber Matthias wird Dir davon erzählt haben. Hongkong ist eine gute Stadt.
Bis bald, Manfred

Was wird Martin wohl dazu sagen, daß M. statt Visum Visa geschrieben hat. Ein typischer Verlegerfehler.
Vor wenigen Tag hat Michael Jackson in M.s Suite residiert. Kein Affenkot am Boden erinnert daran. Vor den getönten Fenstern ein gleichmäßiges Gleiten von Dschunken und Handelsschiffen. China, ahoi! Das Licht hat einen eigentümlichen Glanz. “Der Kampf der Ideologien”, philosophiert M. Kunstpause: “Der Osten schlägt zurück. Das asiatische Westberlin zurück in die rote Tristesse.” Klopfen an der Tür. Der raumeigene Zimmerboy schenkt den Fünf-Uhr-Tee ein, Pfefferminzgeschmack. Anschließend zum hauseigenen Swimmingpool auf dem Dach des Hotels, die Privilegien des Reisejournalisten genießend.

Eine Oase inmitten des Umbruchs. Das Wasser blau, der Whirlpool geheizt. M. und ich liegen auf den Liegestühlen wie fette Nattern, unentwegt an einem exotischen Drink nippend. Mein unauffällig auffälliger Blick fällt auf eine Schönheit im blauen T-Shirt, mit langen Haaren und den "an die Bluse klopfenden Brüsten." (Brandung, S. 45). Sie richtet sich auf, die bloßen Oberarme auf das Liegebett gestützt. Sie lächelt: "Ja, ich bin's!" Ich erkenne sie nicht. Die überraschende Formulierung "Ja, ich bin's!" läßt auf einen Fernsehmenschen schließen, den man kennen muß. Fernsehleute sind so uneitel, wie Touristen glauben, keine Touristen zu sein. Doch dann ist alles klar: Die Blonde gehört zu jenen Gutmenschen des deutschen Privatfernsehens, deren Mundwinkel ständige Betroffenheit signalisieren. Eine gelernte Betroffenheitsquakerin. Und jetzt ist sie betroffen über das Schicksal "all dieser armen Leute hier". Denen gehe es noch schlimmer als den betrogenen Frauen und den von Außerirdischen geplagten Menschen in Deutschland.

"Wenn erst der Chinese kommt ..." Ein knapp angedeuteter Tränenstoß signalisiert das Ende des Satzes. Sie blickt auf den Rücken meines Walserbuches. Ich lese „Ohne einander". "Ja, ja", sagt sie, "wie passend. Dies Buch sagt viel über ein Leben ohne England – ohne einander halt." Beim „Fliehenden Pferd" wäre der Bezug schwieriger herzustellen, auch „Brandung" oder „Seelenarbeit" verraten nur wenig über ihren Inhalt. Aber „Ohne einander?" Und überhaupt: wieviel Titel verträgt ein Walser? denke ich. M. hingegen wird politisch, reflektierend. Und er hat recht: Über Hongkongs Zukunft diskutieren nur Ausländer, vor allem die, die an den Swimmingpools hoch über der Stadt liegen. Grauslig-wohliger Small talk mit der Gewißheit in Form eines Rückreisetickets. Touristen sind die größten Revolutionäre.

Urplötzlich steht M. auf, als hätte er zu tun. Zeit für eine Inszenierung. Langsam zieht er das T-Shirt mit der Aufschrift "Kommunisten an die Macht!" über seinen gestrafften Bauch. Seine rechte Hand legt er über die Brust, so daß die Fernsehfrau den Slogan nicht lesen kann. Vergeblich.

Bevor ich zum Fotoapparat greife, zieht er seine Hand zurück. Ein Fehler – die Fernsehfrau blickt auf, seufzt laut, läßt sich auf ihrem Liegestuhl nach hinten fallen: Jetzt ist sie endgültig betroffen. „Unpassend,“ sagt sie, den hübschen Kopf schüttelnd. Geschmacklos, gerade den Menschen in der ehemaligen DDR gegenüber. M. wird rot, zieht das T-Shirt, als wäre es eine Ansammlung von Fäkalien, über den Kopf, legt es angewidert zur Seite.
“In Westdeutschland sei der Kaffee auch nicht besser als in der DDR. In der Schweiz dagegen fast so gut wie in Frankreich.” (Dorle und Wolf, S. 72)
Wenn er recht hat, der Meister, dann hat er recht!

Nach der Fotosession hetze ich gestreßt mit meinen Koffern zum Flughafen. M. folgt kurz danach im goldenen Rolls-Royce der Direktion. Noch dominieren die Standesunterschiede; doch bald kommt der chinesische Kommunist, und auch ich habe meinen goldenen Rolls-Royce. “Kommunisten an die Macht!” sage ich. “War ja nur ein Gag”, antwortet M. Die Maschine CX 101 der Cathay Pacific Airways startet um 23.00 Uhr Richtung Australien.
Endlich Platz, die Beine zu strecken. Lese im Flugmagazin einen Artikel von Tom Chapman über die Schönheiten Bangkoks.

Hongkong

Der Zöllner winkt durch, ohne das Gepäck zu durchsuchen, wenn man sagt, daß man aus Bangkok kommt; Gerrit wird einen Tag später lesen, daß man am Zoll von Hongkong einen Tag zuvor einen Fluggast aus Amsterdam gefilzt und etwa 100.000 Ecstasy-Tabletten gefunden habe.

Auch eine Kulturübernahme: Früher mußten die Zöllner bei der Ausreise auf Leute achten, die Heroin oder Opium aus den Ländern Asiens weg befördern wollten. Heute beliefern die Länder des Westens die Menschen des Ostens mit ihrem Glück. Mit dem gelben M auf rotem Grund. Mit dem lächelnden Krokodil, mit der blauen oder rot-braunen Brausecola.
Und nun mit Leichtigkeit und Glück in Form von chemischen Tabletten.

Ecstasy, wir kommen.

Noch braucht Gerrit keine Ecstasy-Tabletten, um die Leichtigkeit des Tages zu haben. Er wird - wie es sich für einen Weltenschnorrer gehört - vom hoteleigenen Rolls-Royce abgeholt, unterhält sich bestens mit dem Fahrer, der ihn ein bißchen in das Leben der Stadt einführt, ist zu schnell am Ziel, bekommt als Journalist ein Zimmer mit dem grandiosesten Ausblick auf Hafen und Skyline der Stadt. Gerrit läuft frühabends zum nahen Pier der Star Ferry, die vom Stadtteil Kowloon zur eigentlichen Insel Hongkong fährt, geht unter Wolkenkratzern herum, umgeben von Menschen aller Arten, die schwatzend, staunend, wichtig oder unwichtig, gehetzt oder schlendernd ihn umgeben, und Gerrit fühlt sich wie ein Fisch im großen Wasser. Kein Aquarium wie in Kapstadt, kein Fluß wie in Bangkok. Es ist der Ozean, der weite Ozean einer trügerischen Lösung, die sich in einer Insel ergeben hat. Hongkong denkt an alles, ist Freude und Kapital.

Selbst für die körperlichen Nöte wäre auf Wunsch sofort gesorgt. Beim ersten Heimkommen im Hotelfahrstuhl gesellt sich eine elegant gekleidete Frau aus Malaysia hinzu, die das gleiche Stockwerk im Lift drückt wie Gerrit, sich im Fahrstuhl noch vorstellt und schließlich nett klarmacht, daß sie gerne auf Wunsch mit aufs Zimmer kommt. Gerrit hat am Nachmittag vor sich hin geträumt und onaniert, außerdem gefällt sie ihm nicht, zu fett, zu aufgedonnert.
Aber er freut sich, daß man ihn erkennen könnte, dankt mit einer Ausrede.

In seinem Harbourviewzimmer reißt er die vom Hotelbutler geschlossenen Vorhänge zurück, schaut auf die abendliche Skyline Hongkongs und die ununterbrochen fahrenden Schiffe und freut sich des Lebens.
Er ist in der inneren Heimat, wenn auch nicht zu Hause, aber in der Heimat.
Für Hongkong braucht er noch nicht einmal einen halben Tag, um zu sehen, hier gehört man dazu oder lächelt.
Nachts geht er in eine Diskothek mit dem Namen 1997.

Der Weg endet auch für Hongkong nicht. Er steht gelangweilt am goldbraunen Tresen, trinkt Jack Daniel's und ist einsam unter den Tausend. Nichts wie nach Hause oder doch ins Puff oder doch ins Café Schroeder am Bodensee.

Also, nichts wie heim ins Luxushotel und eingeschlafen.

Hongkong ohne Handy und Gildo, das ist ja unerträglich!
Inseln besaßen von jeher etwas Faszinierendes. Berlins große Zeit dauerte solange, wie die Stadt umgeben war von einer Mauer. Danach wurde Berlin eine gemeine Großstadt. In dem Schmelztiegel ergaben sich die Varianten einer lebendigen Vielfalt; Flüchtlinge, Exilanten, die vielen Friedensliebenden, die vor der Einberufung in den fiktiven Krieg flohen; die Neugierigen, Schwätzer, Geschäftemacher, Staatsfeinde und

deren Unterhalter, die Künstler konnten sich, abgeschlossen und zum Ideenreichtum provoziert, entfalten.
Öffnet sich eine solche Insel zum Festland, strebt alles auseinander und - schlimmer noch - strebt das Festland, inzwischen neugierig geworden, in die Metropole und trampelt sie tot.

Hongkong geht es nicht anders, seit die Grenzen fallen. Jetzt noch tut der Magistrat der Stadt alles, um die Leute von weither anzuziehen. Konzerte, Ausstellungen, Kongresse. Im neuen Jahrtausend schon wird er alles tun müssen, um die zwei Milliarden, die vor der Grenze warten, abzuhalten.
Wie hält man zwei Milliarden Menschen vom falschen Paradies fern? Es gibt die schöne Geschichte, daß Mao Tse-tung einmal dem amerikanischen Präsidenten gedroht haben soll, daß er, falls dieser eine Forderung nicht erfülle, folgendes anordnen werde: Alle Chinesen sollen auf einen Schemel stehen und zur genau gleichen Sekunde herunterspringen. Durch die Wucht des kollektiven Aufpralls werde die Erde dann aus dem Gleichgewicht gebracht und ihre Umlaufbahn verändern. Der große Knall.

Oder eine andere bedrohliche Vision: Bei einem Gespräch mit amerikanischen Unterhändlern über deren „Menschenrechte“ soll Deng der Geduldsfaden gerissen sein. Er sagte: „Gut, wenn Sie es denn unbedingt haben wollen: wir werden alle Chinesen ausreisen lassen in Ihr Land, die hier mit den Verhältnissen nicht zufrieden sind.“

Gerrit hörte, daß die amerikanischen Boten verstummt seien mit ihren Menschenrechten.

Und dann soll eine Enklave der Multikultur überleben können? Das scheint unmöglich; Gerrit schlendert am nächsten Morgen durch die Schluchten Hongkongs, angetan von der Völkervielfalt, der asiatischen Dominanz, auch mit dem eitlen Bewußtsein, als großer Europäer mit einer schwarzen

Baseballmütze und den lockigen Haaren aufzufallen, registriert zu werden.
Für fünfzehn Minuten ein Star, das behagt ihm.

Die Menschen in Hongkong scheinen völlig offen. In keiner Stadt erlebte er so viele Blickkontakte; die Mädchen schauen neugierig zurück, die Europäerinnen suchen ihresgleichen, die Asiatinnen spüren einen Traum.

Gerrit schlendert durch die schwatzenden Massen philippinischer Dienstmädchen an der Star Ferry Station und den höher gelegten Fußgängerwegen. Er weiß nun, es ist Sonntag und die Bankiers, die Geschäftsleute, die Magistraten, Geheimdienstleute und Diplomaten haben ihre Wohnung und ihre Kinder selbst in Verwahrung genommen und ihren Dienstmädchen frei gegeben.
Auch dies ein Phänomen: Da wandern Tausende von jungen Frauen weit von ihrer Heimat weg, um anderer Leute Kinder hochzuziehen und anderer Leute Wohnungen zu fegen; wo es zu Hause, auf den Philippinen, ja wohl mehr als genug zu tun gäbe.

Welche Schicksale, welche Perversionen.

Und doch ein ziemlich öder Spaziergang. So wie die gehaßten Sonntagnachmittag-Spaziergänge mit Mutter und Vater und Kleinkind und schrecklich, der alten, spuckenden Tante. Da schüttelt es den Körper, allein beim Gedanken daran.

Hongkong ermüdet auch schnell, und Gildo, der gerade die Chinesische Mauer abfährt, fehlt schrecklich zum Besprechen der Welt.

Gerrits Blicke suchen die jüngeren, schöneren Philippina. Die Blicke werden offen erwidert. Ob er sie einfach fragen könnte? Do you have time a little bit? Can we make it in my hotel room?

New York ist ja auch eine solche Metropolis; aber spreche in New York mal jemanden auf der Straße an, um nach dem Weg zu fragen. Er wird zusammenzucken, auf jeden Fall im ersten Moment einen Überfall oder eine dumme Anmache annehmen und schließlich, wenn er ein Amerikaner ist, freundlich antworten. Aber er wird, wenn er weitergeht, innerlich aufatmen, daß er diese gefährliche Situation überstanden hat.
Denn es herrscht Angst unter den Menschen.

In Hongkong, dort wo mächtige, unbekannte, schlitzohrige Männer das Sagen haben, gehen die schlendernden, innerlich ruhigen Bewohner so unbefangen miteinander um, daß man fast schon leichtsinnig werden könnte. Sicher, es ist ein leichtes, eine Stadt wie Hongkong vom besten Hotel der Welt (denn in keinem geringeren ist Gerrit abgestiegen) zu erobern.

Eine Stadt am Wasser. Wie ist es wichtig, am Wasser zu sein. Die besten Städte sind nun mal am Wasser, am großen Wasser. Wenn du die Weite des Ozeans vor Augen hast, dann sind die engen Räume deiner alltäglichen Ängste doch so schnell entlarvt; wie kann man sich aufregen, wenn das nächste Schiff nach irgendwo im Fünf-Minuten-Rhythmus fährt. Gerrit denkt an den Song "Fährt ein weißes Schiff nach Hongkong" und ahnt, der Songschreiber war niemals hier.
Bangkok, ja, Peking, ja, Kapstadt, ja. Und Madrid, die Schöne, liegt auch am Ozean.

Zurück, nichts wie zurück an den See, den walserischen, den gelobten. Aber am innerasiatischen Schnittpunkt der Weltenmärkte, da kann man auch als Nußdorfer bleiben, wenn man einmal so weit ginge; wenn man etwas zu tun hat. Denn hier lebt das kapitalistische Herz. Den Erfolgreichen wird nichts geneidet, den Erfolglosen noch immer jede Chance gegeben. Die ewigen Angestellten können es hier auf gutem Niveau bleiben, die Künstler und Politiker auf gutem Niveau treiben. Gefördert von dem Wissen auch der Tycoonen dieser Stadt, daß sie nur ein Leben haben und es etwas anderes auch noch gibt.

Wirtschaftsmenschen in der Midlife crisis kann Gerrit Hongkong bedenkenlos empfehlen. Und wieder fällt ihm ein, was für ein genialer Coup das vom alten Marx war, einem weißen Deutschen aus der Mitte eines Kontinents, der seine Haushälterinnen schwängert und durch einen Unternehmerfreund ganz gut leben kann; wieder fällt Gerrit auf, wie wichtig für die Geldmenschen diese Ruhigstellung der sozial Unzufriedenen in solchen Menschenansammlungen wie China ist: Ohne diese simple Ideologie herrschte in China das blanke - südamerikanische - Chaos, herrschte in Hongkong längst Elend und überbordende Armutskriminalität. Nur disziplinierte, im Gleichschritt lebende Viele können ein ökonomisches Paradies direkt vor (und sogar auf) ihrer Landmasse zulassen.

Hongkong scheint wie der geglückte Reagenzglas-Versuch zur Zusammenmischung des jeweils besten, um das gewollte Mittelmaß zu erreichen. Buddhistische Ruhe, konfuzianische Weisheit, englische Organisation, amerikanische Suche nach dem Glück im Weltlichen; und die schmierbäuchige Saumseligkeit fehlt ebenso wie der offene Rassismus in allen anderen vielen unausgegorenen Versuchen der Mischung.

Hongkong ist ein britisches Werk und ein echtes Kompliment an die Engländer. Hongkong ist viel besser als London, und London ist schon ganz gut.

Die Welt zu vergleichen ist lustig, wenn die Sonne scheint und Gerrit in der Lobbybar des Regent-Hotels sitzt vor der Skyline von Hongkong und durch die Straßenschluchten schlendert und auf der längsten Rolltreppe der Welt fährt und zwei Glockenschläge im Man-Mo-Tempel schlägt. Man und Mo sind die chinesischen Götter der Schreiber und Bürokraten; was für eine Kombination.
Aber Martin Walser kommt auch in Hongkong zurecht! Auch hier makelt ein weltenkämpfender Immobilienmakler, auch hier konferiert ein presseherausgebender Medienburda, auch hier

fliehen die Pferde auf der Rennbahn des Hongkong Jockey Clubs, eines gemeinnützigen ultrareichen Rennbahnbetreibervereins, der jedes Wochenende Tausende zum Happy Valley Race Course lockt, wo dann gewettet wird auf Ponys. Die kleinen schnellen Pferde passen zu dieser kleinen schnellen Stadt, die nur Manhattan ist, die nur Bangkok Downtown ist, die nur Waterfront ist. Versace, Calvin Klein, Armani, Canon, Hard Rock Café, Benetton, Marc O'Polo, alle hier wie dort.
Und plötzlich entdeckt Gerrit einen Laden. "Goldpfeil". Taschen, Lederwaren irgendwie, ein verlorener Laden in einer teuren Ladengalerie in Central Hongkong. Goldfpfeil. Das muß schwäbisch sein, walserisch, das sind die 60er Jahre, das hat Stil.

Aber Hongkong hat noch keinen Namen ...
Darf man für einen Namen bezahlen? Aber sicher doch!

Abends, wenn es Nacht geworden ist, kommt auch in Hongkong die Einsamkeit wie eine flatternde Motte am Sommerabend. Hongkong - längst nur eine andere Heimat - kann am zweiten Abend, an dem Gerrit alleine ist, weil Gildo die Chinesische Mauer besucht und Gerrit kein Einreisevisum für China bekommen hat, nicht mehr allein durch Geruch, exotische Bilder und Geräusche bestehen. Und wenn Gerrit das zweite Mal in das 1997 einkehrt, die wummernden Bässe hört, will er 'ja' sagen bei den Mädchen, die dort am Tresen stehen und schauen. Es sind diese lächelnden kleinen chinesischen Huren, die in ihren Lederstiefelchen und den seidenen Tops weder verführerisch noch anregend wirken, sondern kindlich und mitleiderregend. Aber Gerrit ist alleine und geil. Und er hat Dollars in der Tasche. Nicht zuviel, weil er nicht bestohlen werden will, aber genügend, denn er hatte schon am ersten Abend Angebote und Preise erhalten.

Dies ist eine Stadt mit Angebot und Preis, mit Handel und Erfüllung.
Monica nennt sie sich, als er an der Bar steht, Whiskey bestellt

hat und neben sich nach unten schaut. Erst will Gerrit feige zurückziehen, aber dann besinnt er sich. Sie ist nicht hübsch, nicht wichtig, eine englisch-chinesische Mischung, denkt er, aber für Fragen bleibt kein Raum, weil alles zu laut ist.
Monica versucht gar keine Sprache, sie lächelt nur angetörnt, vielleicht unter glasigem Heroin schwimmend, zeigt mit der Hand die Forderung nach 100 US-Dollar und steckt ihren Finger in ihr von der anderen Hand geformtes Loch. Gerrit nickt, zeigt nach oben. Sie gehen an Tanzenden und Stehenden vorbei, raffiniert vor dem Ausgang der Diskothek ist eine Türe angebracht, die Monica öffnet und die in einen Zimmerbereich führt. Ein gefährlicher chinesischer Wächter kassiert zwanzig Dollar, Monica führt Gerrit in einen Raum, der gerade mal ein grasgrün bezogenes Bett mit Metallgittern und einer Ikealampe besitzt. Gerrit geht selten zu Huren und weiß sich nicht genau zu verhalten, aber Monica hat es eilig.
Sie deutet ihm an, sich auf das Bett zu legen, Gerrit kramt aber zuvor fünf Zwanzig-Dollar-Scheine aus der Hosentasche und will sie ihr geben. Monica murmelt chinesisch und macht Zeichen mit der schmalen Hand, daß hier das Geld nachher bezahlt wird.
Monica ist mit zwei Handgriffen nackt: schmale Brüstchen, ein fast fetter Hintern, unästhetisch. Gerrit legt sich auf den Rücken, macht die Augen zu, während Monica ihm den kleinen Schwanz aus der Hose holt und hochrubbelt.

Da er keine Wünsche äußert, setzt sie sich einfach auf ihn, bewegt sich routiniert gelangweilt, bis er nach zwei Minuten kommt. Gerrit schaut kurz, weil er es in seiner Scham nicht richtig mitbekommen hat, ob sie auch einen Pariser übergezogen hatte. Ja, gut! Eine letzte Geste von asiatischer Sanftmut, als sie den Gummi abzieht, mit einem bereitliegenden, hundertfach aufgekochten Handtuch sein Prachtstück abwischt, sogar die Hose wieder zumacht.
Monica Hongkong, hundert Dollar Liebe und zwanzig Dollar Eintritt, viel Geld für Asien, aber wenig für einen Namen ...

Monica Hongkong! Der Barkeeper hatte noch nicht einmal seinen halbvollen Whiskey vom Tresen geräumt, Monica verabschiedet sich mit einer lächelnden Handgeste. Sie sagt nicht danke, er sagt nicht danke. Er bleibt noch eine halbe Stunde in der Diskothek, schlendert dann die Straße zur Fährstation und geht ins Hotelzimmer. Er hätte auch einfach onanieren können, aber dann fehlte ja der Name. Aber er tut es dann doch noch mal vor der Kulisse der ein- und ausfahrenden Kutter des Hafens von Hongkong und mit den Bildern seiner Mädchen von zu Hause.

Die drei Tage in Hongkong verfliegen so schnell, als ob man in einem Kultfilm säße. Dabei war die Handlung ohne Bedeutung, alles floß, alle Darsteller schwammen umher, freudigen Blicks und mit offenem Mund.

Das wird nie eine Stadt zum Reisen werden, das ist eine Stadt, um Geld zu machen. Geld, Geld Geld; das ist eine Hurenstadt. Gerrit beschimpft Hongkong, und im Flugzeug träumt er - ganz seltsam - sogar von Monica, der Hure.

Nicht Liebe, nicht Zärtlichkeit, nicht Romantik, einfach nur ein ruckender Fick, wie eben Hongkong so ist, und das Flugzeug in Turbulenzen.

Wenn Hongkong von den Kommunisten ganz übernommen wird ... aber was sind Kommunisten? Sind die chinesischen Kommunisten nicht vielmehr eine mächtige Oligarchie, ein Familienunternehmen?
Er liest auf dem Flug nach Sydney die South China Morning Times, in der analysiert wird, daß die Kinder von Deng Xiaoping, dem letzten großen alten Mann des chinesischen Langen Marsches und ewigen Führer und Erneuerer der geheiligten Partei, daß dessen Kinder scheinbar nicht mehr ganz vorne in der Reihenfolge der Mächtigen stehen, sondern nur noch an zweiter Stelle.

Warum fragt eigentlich keiner: Warum dessen Kinder ...? Das können doch die letzten fußkranken Individuen sein, die Kinder Dengs, das können doch hochgepäppelte, ungehobelte, mutterverwöhnte Menschen sein ohne Kraft und Esprit.
Ein Staat ist kein Familienunternehmen, Deng! folgert Gerrit im Business-class-Sessel der Cathay Pacific auf dem Weg nach Sydney empört. Ein Staat braucht eine permanente Revolution, ein Umwälzen zugunsten der Besten.
Und keine Familientradition; diese feudalen Egoisten sind der sichere Verlust an Qualität. Wo sollen hier also Kommunisten sein; Kommunisten haben keine eigenen Kinder in ihren Karrieren; die haben, wenn sie Marx verstehen wollen, Kinder des Volkes, nein, Kinder der Welt als ihre Nachfolger.
In Nordkorea folgt auf Kim Il. Sung Kim Il. Son.
Kommunisten? Familienwürmer! Kommunisten wären anders.

Es gibt keine Kommunisten mehr, erklärt Gerrit schließlich dem wieder aufgetauchten, erschöpften Gildo, hoch oben, bevor die beiden im Land der Freien, in Australien und mitten im australischen Winter ankommen.

Klare Erkenntnisse machen einen klaren Kopf, auch wenn man ein bißchen erkältet ist.
Der Weltenbetrachter sieht klarer, als er noch auf dem Ruderboot in Kattenhorn, dort unten am Bodensee, das Buch "Ohne einander" in den Händen, sah. Er ahnte vielleicht, was da ablaufen würde, aber ohne eigenes Anschauen kann man es vielleicht doch nicht wissen.
Klar, du mußt nicht alles sehen, sagt Gerrit zu Gildo, wie zur Entschuldigung, daß er die Chinesische Mauer und den Tian-An-Men-Platz in Peking nicht sehen konnte. Aber du solltest einen guten Einblick in die Ideen der Welt haben. Und es sind ja nur sehr wenige Ideen.
Da sind Religionskämpfer. Da sind die Machtkämpfer. Da sind die Wohlergehenskämpfer. Gerrit bestellt sich bei der Stewardeß noch einen Champagner.

Die Masse ist dem Ablauf, in den sie hineingeboren ist, unterworfen. Würde der einzelne in den Massen nachdenken, könnte er natürlich leicht auch in eine der handelnden Kategorien aufsteigen. Aber den wenigsten ist es das wert in diesem Leben. Schade, findest du nicht, Gildo?

Die wenigen Religionen, die sich die vier Milliarden teilen, bekriegen sich noch am überzeugendsten und am endgültigsten. Hier gilt: je weniger Götter du hast, desto erfolgreicher wirst du sein. Denn nur ein Gott macht es ja leicht, dem einzelnen dessen Allmacht nahe zu bringen; ER ist und erlöst und hilft und führt. Bei vielen Göttern, Mensch, mußt du wieder denken, wer denn wohl deiner ist. Auch bei dreien mußt du denken, warum denn drei, und warum nicht zwei, und wie hängt das Ganze zusammen? Fragt Gerrit. Er erzählt Gildo: Muhammad Ali, Cassius Clay, der Menschenboxer, verteilte bei der Olympiade in Atlanta - schwer gezeichnet von der Parkinsonschen Krankheit - Zettelchen, auf denen die Dreieinigkeit des Christentums als Humbug bezeichnet wurde und der Islam, die Religion des einen Gottes, als einzig wahre. Als einzig Wahres. Als einzige Ware. Das einzig Wahre. Warsteiner?

Wer weiß, sagt Gerrit, auch wenn er nicht von Tausenden von schweren Schlägen gezeichnet ist, wer weiß, ob der nicht recht hat. Sympathischer aber, da ist er sich sicher, sind ihm die liebevollen asiatischen Götter bei weitem.
Und die Entspannung des Buddha schon allemal. Religion spürt Gerrit am meisten im Tempel zu Bangkok und im Kirchlein oberhalb von Kattenhorn, in Klingenzell, wo Mönche das ewige Licht vor einer sehr hübschen Jesusfigur bewachen.

Schläft Gildo? Nein.

Und wie wollen sie doch alle gerne geführt werden, diese Menschlein. Gerrit redet über der Welt bunte Kirchenvielfalt, die

Baptist Church der Vietnamesen in Hongkong, die Reform Evangelican Church der Iren in Kapstadt, die Catholic Church der eingewanderten Europäer in Australien. Zuspruch braucht der Mensch, und er hat ein Recht darauf.

Aber er sollte keinen Zuspruch brauchen, nur um geführt zu werden. Oder, Gildo?

Androgyn läuft der einmal gespaltene Mensch um die Welt, und wenn sein „anderes" nicht eine zweite Menschenhälfte ist, vielleicht ist es ja dann eine Ideenhälfte, die sich mit seinem Fleisch und Blut verbindet.

Gerrit und Gildo waren auf dieser Weltenfahrt bislang in keinem islamischen Staat. Er fehlt ihnen bitterlich, aber sie hatten Angst davor. Dort verbinden sich alle drei Meta-Ideen zu einer absoluten Idee: Allah führt im religiösen Teil des einzelnen, er weist den Politikern den Weg, und er erklärt das kleine Dasein deiner Seele, der er höchste Reputation im Kampf zum Tode gibt. Wer das glaubt, und Religion ist Glauben, aber auch die Verweltlichung des Wunsches zu glauben, wer das also glaubt, der kann ja fast nicht anders, als möglichst schnell wegzukommen von dieser, unserer kleinen, sympathischen, blauen Erde.

Gildo ist schließlich erlöst und eingeschlafen, und Gerrit nimmt das Buch aus dessen Händen: *Brandung.*

Dienstag, 20. August

Wie anders ist Sydney. Zwölf Stunden später der Hafenanlage entlang. Die gedoubelte Waterfront. Es ist Winter. Das Gesprächsthema in den Hotels, Bars und Taxis: Es ist Winter. In den Blue Mountains, dem Naherholungsgebiet, hat es erstmals seit Jahren geschneit. Ich schnaufe durch, wie befreiend das alles ist! M. hat seine gelbe Mütze schützend vor das Gesicht gezogen. Das Wasser ist unruhig, die Möwen kreischen. Die Menschen, von der Kälte überrascht, halten die Köpfe tief. Langsam laufen wir den Circular Quai entlang zur weltberühmten Oper. Imposant leuchtend auf den Postkarten, enttäuschend blaß in Wirklichkeit. Die Mauer vergilbt, verlebt von all den Fotos, Begeisterungsschreien und Fernwehorgasmen.
Vor dem Gebäude ein obligates Erinnerungsfoto. Bei einem Straßenhändler kaufe ich einen drei Wochen alten Spiegel. Ein Indiz für Ferne. Ist auch noch die Bild-Zeitung alt und nur noch der Kicker aktuell: ein Indiz von sehr weiter Ferne.

Auch Mike Baum ist Spiegel-Leser, jeden Montag geht er zum Kiosk und kauft sich ein Exemplar – als Alibi.
Hinter seinem Bett stapelt er sie auf – für alle Fälle. Einige seiner Eroberungen sollen studiert haben. Ansonsten liest Mike Baum weder den Spiegel noch Martin Walser. „Das ist nicht das wahre Leben“, sagt er, „Kunstprodukte, Projektionen!“ Nur wer Cosmopolitan lese, kenne das weibliche Denken. Mike Baum ist Stratege.

In meinem Kopf spüre ich wohltuende Leere: der Saunaeffekt. Asien driftet von meinem Körper. Die Mystik, die Brutalität, der Geruch der Pagoden, das Unfaßbare weit weg - plötzlich ist man nackt und befreit. Zurückgeworfen in weltliche Banalität. Nur Buddha leuchtet, doch Buddha tragen ist chic, fast schon ein westliches Statussymbol für Besserverdienende. “Australien ist ein Kontinent, der durch das Meer und eine Oper begrenzt wird”, sagt M., und dazwischen liege viel, viel Land. Eine Erfolgsgeschichte des Strafvollzugs. Aus einer ehemaligen Häftlingskolonie wurde ein Kontinent voller netter Menschen:

"Das Land der Freien." M. wiederholt den Satz, um seinen Worten Wirkung zu geben.

Kurz nach 16.00 Uhr Lagebesprechung im französischen Café unweit des Schilds, das die Weltdestinationen markiert: Hongkong 7341 km, Bangkok 7537 km, Rom 16330 km. M. schlürft an einem heißen Cappuccino, der Rahm verunstaltet seinen Kopf zu dem eines Weihnachtsmanns. "Angesichts der Ereignislosigkeit", bilanziert er vorsichtig, "wäre es nicht besser gewesen, doch Rio anzufliegen?" Sydney sei wie Kapstadt, was er auch immer behauptet habe. Nur ohne Straßenschlachten, dafür mit einem drei Wochen alten Spiegel. Das Rio-Trauma. "Aber auch in Rio wäre Winter", antworte ich. "Ja", bedenkt M.
„Vielleicht ist es egal, wo wir sind. Hauptsache, wir sind".
Jetzt wird er aber verdammt philosophisch.
Um 19.00 Uhr eine weitere Postkarte.

Sydney, 20.8.

Lieber Martin,
Sydney gehört zweifellos zu den schönsten Städten der Welt. Und wunderbare Menschen! Es ist alles anständig, und in den Blue Mountains ist der erste Schnee gefallen. Bis bald, Gruß an die Frau,
Matthias + Manfred

Kurz vor 20.00 Uhr erzähle ich M. von meiner ersten und einzigen Begegnung mit Martin Walser.

Es war zu Beginn der achtziger Jahre in der Schaffhauser Buchhandlung "Bücher-Faß". Der Dichterfürst aus Nußdorf las aus dem Roman "Schwanenhaus". Ein Kleinkind schreit, die Mutter öffnet die Bluse, um es zu stillen. Walser unterbricht, blickt die Frau an und sagt von der Bühne runter: "Gehen Sie bitte raus!"

Eine Woche zuvor, ein alternativer Schriftsteller hielt eine Lesung im selben Saal. Auch dort schrie das Kleinkind, wollte gestillt werden. Der Autor blickte strahlend die Mutter an und sagte: “Keine Hemmungen, stillen Sie es!” Die Mutter öffnete ihr Kleid, schmatzende Geräusche, ein leiernder Autor, ein dankbares Kind, eine große Familie.

Mittwoch, 21. August

Um 8.10 Uhr lasse ich mich wecken. Das Hotel Hyde Park Inn liegt direkt in der Stadtmitte Sydneys.
Durch das halbgeöffnete Fenster powert England entgegen. Alles ist England, sogar die Anwälte, die mit großen Perücken durch die Stadt rennen. Sydney ist so clean, daß man sogar als Schweizer einen Komplex bekommt. Kurz nach 10.00 Uhr holt mich M. mit dem weißen Mietwagen ab. “Wir fahren in die Blue Mountains!” meint er. Die Blue Mountains - ein ‘must’ für jeden Australienbesucher, predigten bereits meine Schwester Regula und der Planungsbeamte Fischer vor der Abreise. Fischer reist jedes zweite Jahr nach Australien. Anschließend teilt er seinen Freunden mit, daß er das nächste Mal endgültig bleibe.
Australien als Kontinent der EWIGBLEIBER, die heimliche Sehnsucht der Planungsbeamten dieser Welt. Fast eine Gesetzmäßigkeit: Wer in Australien war, will anschließend bleiben; Ausbruchsillusionen für bürgerliche Existenzen: „Aber das nächste Mal sicher“, sagen sie, wenn sie zu Hause ihre Koffer auspacken.
Ein gutes Gefühl zu wissen, daß es nie passiert.

Die Blue Mountains sind eine große, unberührte Landschaft mit unendlichen Weiten und Canyons, sagt M., so, wie man sich Australien vorstelle. Wenn all die Ewigbleiber ewig bleiben würden, wäre Australien nicht mehr unendlich weit., sondern vollgepfropft wie New York oder der Ballermann 6.
Die Fahrt zu den Blue Mountains streckt sich. Um 11.30 Uhr preschen wir mit unserem gemieteten Toyota immer noch durch Sydney. So auch um 12.00 Uhr und 12.45 Uhr. Ich frage mich allmählich, ob die

Blue Mountains überhaupt existieren. M. ist optimistisch: "Sydney ist 60mal so groß wie London, flächenmäßig jedenfalls!"
Irgendwann, am frühen Nachmittag, sind wir endlich außerhalb Sydneys. Ein kleines, namenloses Kaff, belanglos idyllisch: zwei Sportgeschäfte, eine anglikanische Kirche, ein Restaurant, in welchem junge Mütter sitzen, Kuchen essend ihre unerzogenen Kinder beobachten, die laut herumtollen. In der Ferne Berge, die nicht blau sind, höchstens blaugrün. M. dreht sich zur Bedienung, um sie zu fragen, wo die Blue Mountains am schönsten seien. Diese, knapp zwanzig, meint lächelnd: "Im Imax-Kino".
Nicht weit von der Ortschaft entfernt sei ein neues Filmtheater eröffnet worden, dessen Hauptfilm ausschließlich die Blue Mountains zeige. Perfekter als die Wirklichkeit, wahrhaft grandios. M. und ich brechen zum neueröffneten Imax-Kino auf. „Wenn perfekt, dann perfekt", M. hält seinen linken Arm lässig zum Fenster hinaus. Am australischen Himmel künden sich urplötzlich Regenwolken an: "Da schob sich von Westen gelbgraues Gewölk herauf; es war, als nahte sich ein ungeheurer Widder, von dem man bis jetzt nur die Kopfwolle sah, die höher und höher aufwuchs, der Kopf selbst blieb unsichtbar, aber die Wolle löste sich, flog hoch und stampfte in riesigen Knäueln über Philippsburg hin, ganze Knäuelgeschwader waren es, die jetzt mit Blitz und Donner über der zusammengeduckten Stadt explodierten und mit Hagel erst und dann mit Regen auf die ausgeglühte Steinwüste hinabschlugen." (Ehen in Philippsburg, S. 106f.)
Trotz des Wolkenbruchs finden wir das Imax-Kino – unübersehbar. Doch ohne Erfolg, ein kleines Schild beraubt uns der Illusionen. Mittwoch geschlossen - Ruhetag. Nun, frage ich M., sollen wir trotzdem in die richtigen Blue Mountains fahren? Dieser winkt ab - wegen des Regens.

"Ich glaube", sagt M., "wir können uns nun eine Vorstellung von den Blue Mountains machen!" Mit gewissen Schwierigkeiten, ja. Die Sicht getrübt, das Imax geschlossen - was bleibt, ist die Phantasie.
Am Abend sehe ich doch noch ein Känguruh. Oh, wie süß. Ich stelle mich neben das verschüchterte Tier, während M. den günstigsten Moment abwartet, um ein Bild zu schießen. Hinter mir eine Reihe von Touristen mit Fotoapparaten, alle mit Fotoapparaten. Das arme

Känguruh wirkt verängstigt. Der Zoo von Sydney zählt zu den schönsten des Kontinents: “Alle Australienurlaube enden hier”, sagt ein österreichischer Tourist, “damit man mindestens einmal ein lebendiges Känguruh sieht!”
Ich gehe zu einem Telephon, werfe unzählige Münzen ein, um meinem Freund Fischer mitzuteilen, das ich in den Blue Mountains sogar Känguruhs gesehen habe. Für einen kurzen Moment stutzt Fischer, dann gesteht er leicht bedrückt, daß er außerhalb des Zoos von Sydney noch nie ein lebendiges Känguruh gesehen habe.

Vielleicht will er deswegen auswandern.

Donnerstag, 22. August

Letzter Tag Australien. Als ich M. um 9.20 Uhr im Regent-Hotel aufsuche, wirkt er sehr beschäftigt. Er steht mit einem Fernrohr am Fenster seiner Suite. Ein komisches Ding, antiquiert, wie es früher Seeleute benutzten. Durch das getönte Glas fällt der Blick auf Harbour und Oper. “Eine Exklusivität des hiesigen Regent”, erklärt M. Als Reisebuchverleger hat er schon vieles gesehen, Kannibalen, fünfbeinige Tiere, sprechende Affen - ein Fernrohr im Zimmer hingegen ein Novum. Ein Fernrohr, um Menschen kennenzulernen. M. hat das Fernrohr von der Skyline weg auf das Hotel gegenüber gerichtet. Zuviel Oper verträgt kein Mensch. Im 15. Stock fönt eine Frau ihre Haare. Unendlich lange. Dann verschwindet sie für einen kurzen Moment in einem Nebenzimmer, vermutlich der Toilette, um zehn Minuten später ihre Haare weiterzufönen. Irgendwann scheint es an der Tür zu klopfen, die Frau, etwa 30jährig, legt den Fön weg, geht hin, öffnet für einen kurzen Moment, schließt und fönt weiter. Sie trägt einen gelben Badeanzug. Nicht ganz gelb, eher graugelb. Durch die Vergrößerung nicht optimal zu erkennen.
Wann zieht sie sich endlich aus? M. blickt zu mir hoch, stößt dabei für einen Augenblick an das Rohr, welches sich sogleich verschiebt. Dann drückt er sein linkes Auge wieder an den Sucher, fluchend, weil er das

verdammte Zimmer mit der fönenden Frau nicht mehr sieht. Dafür erkennt er - ein Stockwerk tiefer - wie eine Bedienstete die Betten richtet. Doch am meisten irritiert ihn das Fernrohr, welches in der linken Ecke des gegenüberliegenden Hotelzimmers steht. Nicht so groß wie das unsrige, aber auch nicht ganz unähnlich - Seefahrerstil.
Fernrohr gegen Fernrohr, wer beobachtet wen? Jeder gegen jeden. M. zeigt auf die Quaianlage. "Hier unten", sagt er, "wenige Meter vor der Oper soll ein neues Imax eröffnet werden." Durch das Rohr sind - vielfach vergrößert - die Bauarbeiter mit gelben Helmen zu erkennen. Bis 17.00 Uhr im Hotelzimmer. Der Blick durch ein Fernrohr öffnet neue Perspektiven, fokussiert den Australier, seine Sitten, Gebräuche. Jetzt wird sogar Sydney spannend. Der dicke Mann, dem Eis über den Bauch tropft. Hundertfach vergrößert: fantastisch. Der Ausschnitt der Kioskverkäuferin: great. Die ungewaschenen Klinken der Oper: brrrrrh.
Wann habe ich so gelebt? Wann habe ich so beobachtet?

Vor dem Abendessen die Qual der Wahl: Planet Hollywood gegen Löwenbräuhaus. "Löwenbräuhaus", sagt M. "Planet Hollywoods gibt es überall." Und überhaupt, was gäbe es schöneres als Heimat. Jeder will Heimat, immer nur Heimat.
Im Löwenbräuhaus treffen wir Malcolm. Ein hiesiger Anwalt, gutaussehend, Ex-Freund meiner Freundin Anja - sozusagen ein Verwandter. Gestern war er in der Oper - eingeschlafen nach dem zweiten Vorhang. Welch Skandal: Einnicken in der Oper von Sydney, dem Heiligtum aller Ewigbleibenden. Doch Malcolm will nicht ewig bleiben. Australien sei ihm zu eng, mache verrückt, eine typische Gefangeneninsel. Er will raus in die Welt, weg von hier – ein Hohn für all die Planungsbeamten, deren unerfüllter Traum Australien heißt. An Weihnachten will er nach Bora Bora verreisen, sagt Malcolm.

Alleine wohl; vielleicht, um wieder auf eine Deutsche zu treffen. Malcolms große Amouren sind immer deutsch, blonde Frauen mit blauen Augen und Barboujacke. So wie Anja. Auch Malcolms jetzige Freundin ist blond und nett, hat aber einen Makel: sie kommt aus Sydney. Gegen 21.00 Uhr trifft sie verspätet ein. Während einer hal-

ben Stunde wartete sie im "Chez Paul", einem der besten Restaurants der Stadt. Alleine. Malcolm ruft sie an, dirigiert sie mit dem Handy in den Löwenbräuhaus.
Sie ist verärgert, bis sie erfährt, daß M. verheiratet ist. Malcolms Freundin ist Ehetherapeutin. Wie alle Ehetherapeutinnen steht sie unter dem ständigen Zwang, therapieren zu müssen. Zuerst erkundigt sie sich nach M.s Ehe und mustert dabei mit professionellem Blick die Länge der Sitzbank. M. winkt ab. Dann fragt sie nach meiner Ehe, die nicht existiert, worauf M. den entscheidenden Fehler macht. Er erkundigt sich aus lauter Verlegenheit bei Malcolms Freundin, ob sie auch nach Bora Bora verreise. "Nach Bora Bora?" Der Frageton schrill: "Nach Bora Bora?" Malcolm duckt sich verlegen, greift zu seinem Mineralwasser. Flackerndes Auflachen. Einblick in die real existierende Therapie. Doch der sich für einen kurzen Moment ankündigende Konflikt ist wie weggeblasen, als die bayerische Kapelle zum Tusch anhebt: "Oans, zwoa, gsuffa!" Wir heben die großen Löwenbräugläser, der Schaum tropft über den hölzernen Tisch.
Der Gerstensaft quillt in meinem Mund. Malcolm umarmt seine Freundin, lange und sinnlich, dann küßt er sie auf den Mund - wohl zum ersten Mal seit langem. Bora Bora vergessen. M. steht auf der Bank, schwankend, aber er steht, und mich durchzuckt inmitten des australischen Winters die einzig wahre, die einzig richtige Weltenerkenntnis:
Friede auf Erden oder - ist die ganze Welt gar Ballermann?

Sydney

Auch nach drei Tagen in Australien, in Sydney und seiner Weite, im kalten, winterlichen Sommer Sydneys, ist Gerrit noch kein einziges Mal betrunken gewesen. 0,28 Promille Alkohol zeigte gestern der Alcomat im Parkhaus am King's Cross, dem Nachtviertel von Sydney. So ein Alcomat, vielleicht verbunden mit der nächsten Polizeistation und der Pflicht, bevor man in ein Auto steigt, in den Alcomaten zu blasen, so ein Alcomat-Pflicht-Test wäre das letzte Tüpfelchen auf einer perfekten, gesunden, sicheren Welt.

Der australischen Welt.

Sydney ist eine Stadt des gesunden Alkohols. `Über Alkohol stellen die Aussis ihre natürlichen Feinde, die Aborigines kalt; und weil es so schön ist, trinken sie gleich einen mit. Australien und Alkohol, das scheint Gerrit eins, und er kennt auch die fröhlich besoffenen Aussis vom Oktoberfest in München oder von anderen Plätzen, wo sie, immer gut drauf, die anderen begnadeten Trinker der Welt locker unter die Tische zwingen; vielleicht mit Ausnahme der Neuseeländer, die einen noch tieferen Zug pflegen.

Und dann also diese albernen Alkoholtest-Automaten; die paar Kinder, die paar Alten, die paar Europäer, die auf die falsche Seite schauen beim Überqueren der Straße und dann von den munter rasenden Aussis umgefahren werden, diese paar Opfer dürfen nicht den Horizont und den ursprünglichen Wunsch dieser englischen Sträflinge vernebeln: Hier soll entstehen ein Land der Freien!

In Sydney kannst du ankommen, mußt aber nicht bleiben. Die Stadt liegt geordnet vor dir, denkt Gerrit, vielleicht vom andauernden Weg jetzt auch ein bißchen ernüchtert, die schönste Stadt der Welt, wie man in allen Reisezeitschriften und Reiseteilen der Tageszeitungen lesen darf.

Die properen Mädels, oft mit weißen, weichlichen Beinen und schwammigen Augen, gefallen ihm sofort. Die klare Struktur der Innenstadt, die Straßen, die fast wie zu Kaisers Zeiten auf einen Palast, in diesem Fall ein Bauwerk, die Oper, zulaufen, deren einziger Zweck die schönen (musikalischen) Künste sind.

Auch in Sydney verfolgen die altbekannten Daueretablissements und Markennamen: Planet Hollywood, Hard Rock Café, Versace, Gucci und McDonald's, das es hier auch als McCafé gibt, und Lacoste und Benetton natürlich mit dessen drei Herzen als Großposter an den Plakatwänden.
Drei Herzen, die alle gleich aussehen und unter denen steht: White, black, yellow.

Gerrit denkt nicht lange darüber nach, was dies bedeuten soll, denn es muß da etwas anderes geben. Denn es ist ja eine Lüge, dieses Plakat.

Gerrit fragt eine Bedienung beim Pflichtausflug in die Blue Mountains, die vor Sydney wie eine offene Wunde liegen, an welcher Stelle denn diese Schluchten-, Fluß- und Waldregion am eindrucksvollsten zu sehen sei. Sie antwortet: In Katoomba gibt es ein IMAX-Kino, in dem alle halbe Stunde ein ganz toller Film über die Blue Mountains gezeigt wird. Dort bekommt man den größten Einblick.

Australien auf der Leinwand, Afrika im Kino in Cape Town, Asien durch die Skyline des Regent-Hotels in Hongkong, Amerika womöglich in den Universal Studios.

Die Welt im Zeitalter der Reproduzierbarkeit wandelt sich zu einer Reproduktion der Wirklichkeit, die mehr ergibt, als das Sehen der Wirklichkeit, als das Erleben.

Und doch muß Gerrit durch die Straßen von Sydney schlendern, die Gerüche aufnehmen, die Blicke spüren, die Gespräche suchen. Die Welt reduziert sich eben nicht auf die Leinwand und diejenigen, die dort ihre Späße treiben. In den Straßen von Sydney sind echte Gerrits und Gildos, da schlendern echte Menschen wie "du und ich"; und ihre Bilder sind ebensogut wahr und stimmen ebenso wie die reproduzierten Bilder der Multiplex-Tempel.

Ein neues IMAX-Kino wird gerade vor der Oper von Sydney gebaut und dann auch diese Stadt per Leinwand erlebbar machen. Die Blue Mountains im Kino von Katoomba sind ebenso echt wie die Blue Mountains auf dem vierstündigen Hiking trail beim Three Sisters Point. Nur die Füße werden beim Filmegucken nicht wundgescheuert, und die Schuhe bleiben erhalten, und die Natur bekommt keine leeren Always-Coca-Cola-Dosen, keine zerknüllten Kaugummipapiere, keine fauligen Birnenstücke ab.

Und weil Känguruhs nicht auf den Straßen hüpfen und Koalas auch nicht auf die Bäume der Blue Mountains klettern und die tasmanischen Teufel sowieso nur in Tasmanien zu Hause sind, weil man um die Welt fährt, nicht um ein Lied am Ballermann zu singen, nicht um den zehnten Besuch im Planet Hollywood zu absolvieren, nicht um die köstliche Pizza Margheritha beim Pizza Hut zu knabbern, sondern der Tourist um die Welt fährt, um später einmal Australien erklären zu können, und Bilder zeigen möchte, auf denen man Australien auch erkennt - also Bilder von Känguruhs, Koalas und tasmanischen Teufeln -, gehen Gerrit und Gildo in den Streichelzoo von Sydney und streicheln dort den hüpfenden Teufel, das kletternde Beuteltier, die Schafe und photographieren sich mit Tier auf dem Arm gegenseitig ein ums andere Mal.

Später, am nächsten Tag, ist es dann Zeit für das Menschenkennenlernen!
Ein enger Bekannter von Gildos Freundin lebt in Australien, ist dort Rechtsanwalt bei Gericht, trägt eine putzige, der englischen

Rechtstradition entsprechende Perücke mit langen blonden Locken, wenn er seinen Auftritt bei Justitia hat, er heißt Malcolm, dürfte zwischen Alkoholismus und Temperenzlertum leben, freut sich ehrlich über den Anruf der ihm unbekannten Weltenmenschen, und sie treffen sich früh abends nach Büroschluß an der Waterfront von Sydney, die hier *The Rocks* heißt. In einem Pub trinken die drei Männer ein erstes Pint, um dann, just um die Ecke von Gerrits Regent-Hotel in Sydney, im Gasthaus "Löwenbräu" zu sitzen. Zwar hatte Malcolm, der gute Mensch, vorgeschlagen, ins „Chez Paul" zu gehen, das beste Fischrestaurant der Stadt, wie er versichert, doch da beißt er bei den zwei Heimatsuchern auf Granit.
Gildo hatte gleich in den ersten Stunden des Australienaufenthalts das *Löwenbräu*-Wirtshausschild erschnuppert, schneller noch als das gelbe M von McDonald's, schneller noch als das Krokodil von Lacoste, schneller noch als die blaue Weltkugel vom Planet Hollywood. Und so ein heimatliches Symbol zieht ihn an wie ein Magnet. Dabei trinkt Gildo ja kaum Bier. Aber wenn das deutsche Liedgut - es spielt tatsächlich eine Ländlerkapelle - winkt und der Kicker und vielleicht gar ein alter Spiegel und eventuell die Bild-Zeitung und eine blonde Bedienung im Dirndl, dann geht man daran nicht vorbei. So muß der einheimische Malcolm zu seinem eigenen Erstaunen mit den mitteleuropäischen Gästen in ihr eigenes Wohnzimmer.

Malcolm scheint natürlich Geld zu haben; denn er fliegt in der halben Welt herum, nur um im Auftrag der UNO Wahlen zu beobachten oder Menschenrechte einzuklagen. „Die gute Seite in mir", nennt er es schamhaft, denn wenn er zu Hause in den Gerichtssälen ficht, dann vertritt er meist wie alle seine Kollegen die andere Seite.
Ein guter und ein schlechter Mensch also, der solche UNO-Reisen auch verbindet, um die deutsche Freundin von Gildo gelegentlich zu treffen und zu grüßen. Das wiederum gefällt Gildo nicht so recht, wie Gerrit beim frisch gezapften Löwenbräu im Gasthaus Löwenbräu zu Sydney bald spürt.

Es wird bei diesem Thema stets ein unwohles, verschämtes Gespräch über diese Frau, die beiden nahesteht. Zu nahe, um eine neue Männerfreundschaft zu gründen. Man vermeidet also Europa und bespricht die Weltprobleme.
Schließlich trifft die per Handy vom *Chez Paul* zum Gasthaus Löwenbräu umdirigierte Lebenspartnerin von Malcolm ein, ein Mädel wie aus Lübeck, taff, gesund, mit strammen Beinen, einem enganliegenden blauen Markenpullover und Caterpillar-Schuhen.

Sie schaut die Fremden aus der fernen Welt mit ihrem Krankenschwesterblick an.
Was wollen die von meinem Malcolm? Woher kennen die meinen Malcolm? Wollen die etwa bei uns übernachten?
Auch als Kathleen erfährt, daß beide Gäste ein teures Hotelzimmer benutzen, scheint sie nur wenig beruhigt.

Malcolm hat vor der Ankunft von Kathleen sein Löwenbräubierglas abräumen lassen und ein Mineralwasser vor sich aufgestellt. Das beste Zeichen für den latenten Alkoholismus und den permanenten Kampf dagegen: Er gibt sich in Kathleen die tägliche Peitsche, und sie genießt, schätzt, braucht diese Rolle.
Als er sie zur Begrüßung küßt, spürt Gerrit, daß sie sofort seinen Atem wie ein Alcomat abtestet, für positiv bewertet, ihn kurz, aber strafend anblickt. Er senkt getroffen, ertappt seine Augen, spürt begeistert die Peitsche. Auch der Wrigleys Spearmint, den er noch ein paar Minuten vor ihrer Ankunft kauen konnte, scheint nichts genutzt zu haben.
Kathleen ist Psychologin und Mediatorin, sie kennt ihre Patienten und Pappenheimer, ihre geliebten Sozialfälle und Systemprobleme. Die drei Sünder am Tisch, besonders Malcolm und Gildo - der sich äußerst unwohl zu fühlen scheint, weil ja Malcolm, wie er weiß, immer aus seinem Büro Gildos Freundin in Europa anruft, um ein wenig Telefonsex zu machen -, hoffen, daß der jeweils andere sich nicht verplaudert.

Und Gerrit, der immer an der Grenze zum Verrat argumentiert, macht sich einen Spaß daraus, die Krankenschwester zu besprechen, obwohl er in ihrem Blick sieht, daß sie daran keine Sekunde Spaß hat. Denn ihr Thema heißt Malcolm, das Sorgenkind, der Trinker, der Herumtreiber, der geliebte reiche Mann, die gute Partie, die sie sich schon gar nicht von zwei dahergelaufenen Europäern madig machen läßt.

Da sitzen also zuerst drei Männer, die Männergespräche führen, die der Welt helfen wollen, die bereit sind, mit alten Flugmaschinen zu wilden Völkern zu fliegen, um diesen Völkern Wahlkämpfe und Wahlurnen und Stimmzettel zu bringen, sie Demokratie und rechtes politisches Leben zu lehren.
Da sitzen also in den ersten zwei Stunden mutige Mädcheneroberer, die keinen kurzen Rock unbeobachtet vorbeiziehen lassen - und die Mädchen in Australien tragen verdammt kurze Röcke, wenn nur ein bißchen die Sonne scheint, wie Gerrit schon in den ersten Minuten seines Aufenthalts feststellte.
Da sitzen drei Männer, denen die Sorge um die historischen Wahrheiten in die Gesichter geschrieben steht, die noch intensiv über Hongkongs Gang zum Kommunismus, über die Stunden der deutschen Wiedervereinigung, über Südafrikas Weg weg von der Apartheid plaudern, beraten, diskutieren, einer idealen Lösung zustreben.

Und dann kommt die Krankenschwester in Form der Frau oder Freundin oder Rivalin, wie überall auf diesem Globus, und verändert das Gesprächsklima radikal. Die Themen im Vierergespräch mögen die gleichen sein, aber die Pointen sind auf Malcolms Krankenschwesternfreundin abgezielt. Die Worte werden plötzlich gewogen, das gemeinsame Mädchen in Europa spielt schon gar keine Rolle mehr, und wenn das Thema Hongkong diskutiert wird, dann nicht mehr fröhlich laut lachend an Hand des Flugs von Malcolm dorthin, um Gildos Freundin zu treffen, sondern anhand der CNN-Nachrichten.

Gerrits englische Aussprache wird mit dem vierten Löwenbräu sehr feucht, und die pikierte Kathleen muß sich manchmal seinen Speichel aus dem Gesicht wischen, ohne daß sie eine Miene verzieht. Aber ihre Augen sind es, die sprechen, und Gerrit ist beeindruckt, wie sie bei etwas humorvollen Worten von Malcolm diesen mit einem einzigen Zickenblick zum Schweigen bringt.

Kathleen Sydney könnte ohne weiteres auch in Würzburg oder Mannheim oder Manchester ihren Partner so dressieren; aber da es nun mal hier in Australien für Gerrit voll erfaßbar wird, fürchtet der Ängstliche um seine Geschlechtsgenossen im Land der Freien.

Als Mensch, denkt der Denker, bist du nur so frei, wie es deiner persönlichen Krankenschwester scheint, daß es dir gut tun darf. Sollte sich Malcolm - zu Recht geplagt von den Menschenrechten im Irak - nicht auch Sorgen machen um die Männerrechte in Sydney?

Oder ist ein doch auch zum Tode verurteiltes Mineralwasserleben in der Umgebung von Krankenschwester Kathleen nicht viel weniger und kürzer als ein kurzes Trinkerdasein? William S. Burroughs, der Autor von Naked Lunch, wurde 83 Jahre alt, denkt Gerrit, und sein Vater - den er niemals berauscht sah - nur 80 Jahre alt! Und Malcolm wird vielleicht 90 Jahre da sein und 20 davon gelebt haben.

Mit leuchtenden Augen erzählt Malcolm, kurz vor 22 Uhr und kurz bevor Kathleen ihn und sich zum Aufbruch drängt, wie er vor zwei Monaten im Busch von Guinea fast mit einer Viper abgestürzt sei, als er bei einer Wahlbeobachtung im UNO-Auftrag eine Urne abholen mußte. Er freut sich auf den nächsten Ruf der Welt an ihn.

Gerrit scheint einem guten Menschen begegnet zu sein, der aber leider im Rollstuhl seiner Furcht fährt und zu früh seiner persönlichen Krankenschwester, Kathleen Sydney, begegnete. Immerhin bringt er Gerrit einen hübschen Namen mit, denn die drei Tage in Sydney sind so schnell vergangen wie die Jahre eines alternden Lebens auf Mallorca, und Gerrit hat weder Lust noch Zeit noch Potenz, um ein Bordell in Sydney aufzusuchen. Die Maschine von Gerrit und Gildo nach Bora Bora fliegt am nächsten Tag schon sehr früh, und sie waren noch nicht im Planet Hollywood, wo sie noch - an diesem letzten Abend nach der Begegnung mit Gildos Schwager und seiner Krankenschwester - einen Hot dog à la Schwarzenegger und ein Heineken-Bier und zum Trost für die Welt je zwei mexikanische Tequilas einnehmen.

Hier in Sydney fände Martin viele Finks, erklärt Gerrit in der Späte-Nacht-Kneipe neben dem Hotel. Aber ich denke, er ist doch weit besser am See aufgehoben. Hast du ihm schon geschrieben? Gildo holt die Karte hervor und liest sie zufrieden dem Begleiter vor. Der nickt! Schön, daß du Sydney so gut erfaßt hast. Da wird Martin Freude haben.

Kathleen Sydney läßt Gerrit gerne zurück, denn er weiß, er wird ihr überall wieder begegnen.

Freitag, 23. August

Australien hinter uns lassend, Neuseeland im Visier. Die verlassenen Ecken dieser Erde. „Luxuriöse Abzockerorte“, philosophiert M., „hier dämmert die Erde am schönsten.“ Wie immer studiert er die lokalen Zeitungen. In der Umgebung von Auckland sei ein Vogel von einem Lastwagen überfahren worden, berichtet er. In europäischen Zeitungen bleiben überfahrene Vögel unerwähnt. Merke! Mein Nebenan liest Hermann Hesses “Steppenwolf” (auf englisch), und ich bitte den schwulen Steward des Fluges NZ 104 der Air New Zealand, ein weiteres Glas Veuve Clicquot nachzuschenken, was er mit unendlicher Großzügigkeit tut. Auckland hat eine Million Einwohner und wir eine Stunde Aufenthalt. Eine Stunde Aufenthalt reiche zur Durchquerung von Aucklands Innenstadt im Taxi, versichert der Steward. Vielleicht noch zu einem Kaffeeplausch in die Einkaufsstraße, um die Lebensverhältnisse zu ergründen. Dies sagt nicht der Steward, sondern M.

Menschenkennenlernen!
Wer hier ist, ist schließlich hier. Durch die Scheiben ist der Flughafen von Auckland erkennbar, im rasanten Landeanflug wird er immer schneller, immer größer, bis die Maschine endlich aufsetzt. Im Eilschritt am Hermann Hesse lesenden Mitmenschen vorbei (“Steppenwolf” fällt zu Boden, kurze Entschuldigung) in die große Flughafenhalle von Auckland-City. Zollabfertigung problemlos, die anschließende Gepäckkontrolle ungleich schwieriger. Kurzer, längerer Aufenthalt.
Der bläßliche, kleingewachsene, alles in allem farblose, aber nicht unfreundliche Beamte mustert uns pedantisch. M. erkundigt sich, wie man am schnellsten innerhalb einer Stunde nach Auckland-City und zurück komme. Andere Völker, andere Sitten, der Beamte bleibt gleich. Er schüttelt zwar verneinend den Kopf, verneint aber nicht direkt, sondern fordert uns auf, die Koffer zu öffnen. Die Fahrt vom Flughafen in die Stadtmitte und zurück werde sehr knapp. Im Zeitlupentempo packt er unser Handgepäck aus. Gegenstand um Gegenstand, um es anschließend in die Höhe zu halten. Das blaue Necessaire mit Waschlappen, Linsenwasser, Zahnbürste und

Zahnpasta, Trybol-mundwasser. Zu guter Letzt das vorliegende Tagebuch und Martin Walsers “Brandung”. Dies schüttelt er so lange, bis das Buchzeichen (Eintrittskarte für den Zoo von Kapstadt) zu Boden fällt. Noch 45 Minuten bis Auckland-City und zurück. Mit seinen dicken Neuseeländerfingern streift der Einwanderungsbeamte durch meine Zahnbürste, Borste um Borste inspizierend. Ungeschützt, ohne Handschuhe. Anschließend beginnt das Prozedere von neuem: Necessaire, Walser, Zahnbürste. Währenddessen erkundigt sich M., was man in den verbleibenden 40 Minuten von Auckland-City sehe. Der Beamte überlegt, schüttelt dabei den Walser nochmals durch, klammert aber diesmal das Buchzeichen mit seinen Fingern fest und antwortet: „Nichts“, zumal nun der Feierabendverkehr eingesetzt habe. Die Zeit sei doch sehr knapp, 35 Minuten benötige man im Minimum bis Auckland-City. Der Beamte lauernd: “Did your company pay for this trip?” M. und ich verneinen, was zwar stimmt, aber für den Beamten unglaubwürdig klingt: “Really?”
Die hinter uns stehenden Reisenden beginnen zu murren. Der Beamte blickt auf, klatscht endlich die Hände zusammen und wünscht einen guten Aufenthalt. Noch ein kleiner Hinweis: 30 Minuten Aufenthalt für Auckland-City seien zu kurz. Dazu brauche man im Minimum eine Stunde.

Vom Weltende merken wir nur wenig: Der Flughafen von Auckland ist so wie der von Zürich, die Beschilderung ist wie die in Zürich - nur die Sprache ist eine andere.
M. stürzt sich aus dem Gebäude, um Kontakt mit der einheimischen Bevölkerung aufzunehmen. Der Wachmann des halbleeren Flughafenparkplatzes trägt einen großen Hut und erkundigt sich sogleich nach “german cars”, Mercedes und BMW. M. gibt ihm seine Wohnadresse, sich aufplusternd, daß er in unmittelbarer Nähe dieser Autowerke wohne. 200 bis 300 Kilometer. Ein Fehler. Für Mercedes und BMW sei ihm kein Weg zu weit, sagt der Wachmann. Eine Drohung! M. kontert, vielleicht seien es auch 2000 oder 3000 Kilometer. Daß er selbst keinen Mercedes oder BMW fährt, sondern einen schwarzen Porsche 911, verschweigt er.

Feigling! Autos schaffen Kontakte. Anschließend Inspektion der neuseeländischen Landschaft. Alles grün, alles blüht, zwei Bäume. M. hangelt sich an den Ast eines dieser beiden Bäume, schwingt dreimal nach vorne und schreit: “Oh, oh, oh!” Wähle mit meiner Kamera den Bildausschnitt so, daß als Hintergrund weder Flughafengebäude, Flugzeuge noch Reklameschilder erkennbar sind. Nur ein Strauch. Ein schwieriges Unterfangen. Drücke ab, ein weiteres Klickklick. Alles erledigt.

Fazit zweier Weltreisender: Neuseeland war großartig, grandiose Landschaft, nette Bewohner! Ein weiteres Land - abgehakt. Problemlose Rückreise, Erlaß der 20 Dollar Einreisegebühr (Aufenthalt unter 30 Minuten). Dafür rund 5 Dollar Spesen für Postkarte und Briefmarken:

Auckland, 23.8.

Lieber Martin,
die neuseeländischen Zollbehörden sind wie diejenigen in Bodman-Ludwigshafen. Stur und unerbittlich.
Allen Unpäßlichkeiten zum Trotz: die neuseeländischen Weiten konnten unserem Blick nicht entweichen. Bis bald!
Matthias und Manfred

Geplanter Abflug mit der Air New Zealand NZ 016 um 18.40 Uhr. Geplant jedenfalls; doch das Flugzeug hat einen Motorschaden. Der Abflug verzögert sich. 10 Minuten, 20, 30 Minuten. M. starrt durch das kleine Fenster auf den Flughafen von Auckland. Letzte Eindrücke eines vergessenen Landes, Dämmerung legt sich über die Landepiste. The captain speaks mittlerweile in Stundenintervallen. Ein

Mißverhältnis: 1 Stunde Neuseeland und 5 Stunden Auckland-Airport. Immerhin kann man in der Businessklasse die Füße strecken. Versuche mich mit Walsers "Brandung" - vergebens -, anschließend mit der Witwe von Herrn Clicquot. Süffig und innig: Veuve Clicquot. Doch auch Champagner verkürzt die Zeit nicht. Kurz nach 23.00 Uhr endlich ein Lichtstreifen. M. weiß Neues aus der Heimat, gestern abend hat er noch mit einer Bekannten telephoniert; die Zeit des Schweigens ist vorbei. Mike Baum sei im Dauertief, meldet M., in einem seelischen Loch. Die verpatzte Bootsfahrt vom Seenachtfest kostete Sympathien. Seine Frauen räkeln sich nicht mehr oben ohne auf dem 50 000-Franken-Boot, sondern – wenn überhaupt – nur noch in Schwimmwesten. Ein Affront: "Mir eine Schwimmweste anzubieten, ist eine Beleidigung." (Ohne einander, S. 148)

Ein Mann wie Mike Baum kennt keine Schwimmwesten. Nur seinen Chrysler - 5,4 Liter und 8 Zylinder. Krisen sind da, um zu lernen, sinniert M. Doch für Mike Baum ist eine Krise der Weltuntergang. Nur als sich die Freundin weigerte, Unterhosen zu bügeln, war es schlimmer.

Ein Steward unterbricht. Während er ein weiteres Glas Veuve Clicquot nachschenkt, erkundigt er sich, ob man irgendwelche Verwandten in Los Angeles über die Verspätung informieren soll. Wir haben keine Verwandten in Los Angeles! Meine Sehnsucht heißt Südsee und deren Frauen. Den ganzen Tag Ukulelenklänge und Blütenkränze. Trainingslager für den Ballermann! "Brandung" fällt zu Boden. Als ich M. über Mike Baums Lebenskrise ausfragen will, ist er bereits eingenickt. Um 23.40 Uhr Abflug in die pazifische Nacht.

Auckland

Es scheint welche zu geben, die wollen sich raushalten. Diejenigen haben sich ihr Stückchen Erde irgendwo abgeholt, es planiert und geteert, es in weite grüne Parzellen eingeteilt, den Boden fruchtbar gemacht, das Land naß und ergiebig, die Kühe fett und wenig irre. Solche leben zum Beispiel in Neuseeland. Abseiler, nennt sie Gerrit, mächtige Abseiler, die alles tun, damit die Welt nicht merkt, daß sich hier noch Raum befindet, und die andere Seite von Europa einfach mal vorbeischaut. Wie viele schöne Städte könnte man hier neu aufbauen? Wie viele Menschen, die heute eng aufeinander leben in Indien, in Albanien, in Rumänien, fänden genügend Platz, ihre Kultur voll auszuleben im weiten Neuseeland? Viele, viele.

Anatolien ist schließlich auch nicht an einem Tag erbaut worden; aber diskutieren Sie dies mal mit einem Neuseeländer. Der ist da gar nicht einverstanden. Bei der Einreise werden Gerrit und Gildo bis aufs Hemd und bis zur Zahnbürste untersucht.

Neuseeländer triffst du auf Reisen so häufig an wie Moskitos; nicht, daß sie übermäßig geballt auftreten, nicht japanisch dicht oder englisch laut oder deutsch herrschsüchtig. Nein, sie sind - außerhalb ihrer Oase - einzeln oft, selten in Gruppen und meist furchtbar schnell integriert; sie jobben in Hotels, in Ferienclubs, in Bars, und wenn die Zeit kommt, wenn sie das Land ihrer Reise ausgetrunken haben, treiben sie weiter. Neuseeländer sind selten beliebt bei den Gastgebern, weil meistens betrunken und dann laut; aber ihre freundliche, offene Art macht solchen Fauxpas wieder wett, und hat man sie endlich los, erinnert man sich noch gerne an diese kuriosen Auftritte.

In Neuseeland selbst ist alles anders. Zunächst fällt Gerrit auf, daß man als Weltenreisender Neuseeland sehr schnell in den Griff bekommt; fast noch schneller als Sydney, wo er sich schon nach Stunden gelangweilt fühlte. Dann beeindrucken die Farben, die wie Antimaterie zu den Farben Europas, vor allem Nordeuropas, stehen. Satt! Dieses Wort trifft auf die Insel zu. Üppig, weitläufig, komfortabel, sicher. In Neuseeland zu reisen ist ein Zuckerlecken; aber in der ganzen Perfektion steckt ein Stück tiefe Einsamkeit. Wenn du von der Welt einfach ignoriert wirst, nicht ernst genommen wirst, bekommst du mit der Zeit Komplexe. Du bewunderst den im Historienpark Europa Großgewordenen, für den Kolosseum, Arc de Triomphe, Tower Bridge und Kölner Dom selbstverständliche Ziele jugendlicher Reisen waren, die eher nur am Rande mitgenommen werden, während man an die italienischen Mädchen, die französischen Charmeure, die englischen Hooligans gerät und mit ihnen feiert und liebt.

Wie einst die Handwerksgesellen müssen deshalb die flügge gewordenen Neuseeländer mit ihrer komfortablen 747er-Air-New-Zealand-Flotte hinaus in die Welt, wo sie dann diese unbekümmerte Stets-gut-drauf-sein-Nummer abziehen und beim Oktoberfest noch ein Maß mehr trinken als die Aussis und viel mehr als die rauchfreien Jogging jonnies aus den USA.

Alle Menschen, mit denen Gerrit in Neuseeland spricht, waren schon mal draußen. Sie verwechseln nicht wie die Amis ständig Berlin mit Moskau, sie wissen, daß die polnische Hauptstadt Warschau heißt und keineswegs in Italien liegt oder in Albanien. Die Kinder Neuseelands gehen in wohlgeordneten Schulen ihre Lebenspflicht erfüllen; Die Schlagzeile, wohlgemerkt auf der Titelseite (!) der wichtigsten neuseeländischen Tageszeitung, lautet (dreispaltig, überfett), als Gerrit erscheint: 34 sind genug! Große Krise an den Schulen. Lehrer wollen keine Klassen mit mehr als 34 Schülern.

Sicher doch, 34 sind genug! Überall auf der Welt. Aber gibt es denn keine andere Meldung, als daß irgend ein beamteter Lehrer sich keifend beschwert, er solle jetzt 35 Schüler unterrichten, und das gehe doch nicht? Gibt es nicht Mord und Totschlag in Auckland oder anderswo im Land? Gibt es keinen Prominenten, der die vierte Frau schlägt und heiratet, keine Rassenkrawalle oder Korruptionsfälle, die sonst so sicher die Schlagzeilen der jeweiligen Landeszeitungen beherrschen?

Nein, es gibt den kläglich gescheiterten Versuch einer Schule, einem Lehrer - einem Beamten! - 35 Schüler zuzumuten, und dessen öffentlichen Protest dagegen. Natürlich hat der Mann recht, und als Journalist am Desk der Zeitung von Auckland kannst du ja schlecht Schlechtigkeiten erfinden. Nur, Gerrit, der Ängstliche, möchte dann doch ein bißchen mehr Leben sehen in dem niedlichen Land.

Gerrit schlendert über die satten Wiesen des Landes, hangelt sich an den harzigen Bäumen entlang, untersucht die feuchte, auch in Zivilisationsnähe fruchtbare Erde. Kein Land zum Leben, denkt Gerrit, kein Land zum Staunen, nicht viel mehr als Schönheit, Flugplätze und Mißtrauen gegen das neue Fremde.

Darf man sich abseilen, raushalten, einfach einen Flecken Erde so weit weg von allem Schlechten und Gefährlichen besetzen, ohne täglich Buße tun zu müssen? Scheinbar. Neuseeland, das ist ein Kurort für den müden Walser, wo es noch Platz gäbe, um ganze Städte anzusiedeln. Aber wehe, solche Vorschläge hören die Mädels und Jungs dort gar nicht gerne! Wie, du forderst, daß man doch die geschundenen Kosovo-Albaner in wohlgebauten Anlagen inmitten der langen Insel ansiedeln könnte, ihnen Land geben könnte und Kühe und Schafe und dazu noch willige Konsumenten bekäme, die neuseeländische Butter, neuseeländisches McDonald's, neuseeländische Siemens-Elektrogeräte kaufen würden? Solche Ideen, die sich einem Menschen, der aus einer dichten Welt kommt, einfach aufdrängen, solche Ideen veranlassen den Neuseeländer - auch den aufgeschlossensten und phantasievollsten - zu einem entsetzten Abwinken und zur Kontrolle der Zahnbürste des Aufsässigen.

Doch dann wären auch die Titelschlagzeilen der Zeitungen herausfordernd voll. Nicht 35 Schüler sind zuviel, nein, Platz für die Menschen der Welt scheint zuviel für diese Abseiler am anderen Ende der Welt, die zuletzt auch noch die großen Schläge überleben werden, denen wir Anderswomenschen uns schließlich mutig alltäglich am See Genezareth oder am Bodensee oder am Loch Ness aussetzen.

Gerrit muß weg, weg. So schnell war er von keinem Land satt wie von Neuseeland, der perfekten Insel am anderen Ende der Welt. Gerrit ist froh, die kondensierte Luft des Fliegers zu atmen, froh, daß auch hier guter französischer Champagner ausgeschenkt wird, und das Rind kommt aus Argentinien, wie in der Menükarte steht. Gerrit muß zu seinem Kindheitstraum; schnell, und nicht zögern! Namen für Neuseeland sucht er nicht; sie heißen James und Peter, Michelle und Jenny.

Freitag, 23. August

Reisen bildet. Endlich kann ich mir das Phänomen der Datumsgrenze erklären. Zwischen Neuseeland und Französisch-Polynesien die Erkenntnis, daß alles logisch ist. Eine Frage der Mathematik. Von gestern nach heute. Konkret, aus dem kurz angebrochenen Samstag, dem 24. August, wird wieder Freitag, der 23. August. Also aus Freitag, dem 23. August (in Neuseeland), wird kurzfristig Samstag, der 24. August (nach Neuseeland), dann - nach Überschreiten der unsichtbaren Grenze - wird wieder Freitag, der 23. August (Tahiti). Alles klar. Das heißt: vorwärts in die Vergangenheit mit einem kleinen Umweg über morgen. Alles klar, glasklar. Mein nächstes Reiseziel: im knatschblauen Gummiboot an der Schnittstelle von Äquator und Datumsgrenze.
Doch heute ist heute, das heißt angesichts der Datumsgrenze morgen ist heute. Im Dämmerzustand hoch über dem Pazifischen Ozean bereite ich mich auf das nächste Reiseziel vor: die Südsee. Jugenderinnerungen. Brachialromantik. Blaue Strände, blauer Himmel. Blau gegen blau. Als Einstimmung blättere ich in Hermann Kants "Ein bißchen Südsee". Ich habe das Buch eigens in der Zürcher Buchhandlung Orell Füssli bestellt. Eine Fehlentscheidung: Statt von Gauguin-Romantik erzählt das Buch von Arbeiterschicksalen aus der verblichenen DDR. Bora Bora gegen Bitterfeld.

Um 4.00 Uhr früh setzt die Maschine Air New Zealand NZ 106 auf dem Flughafen von Papeete auf. Warme Luft durchflutet den Körper. Der kleine Flughafen taghell beleuchtet. Bauschranken erinnern an die handgreiflichen Proteste der Einheimischen gegen die französischen Atomversuche. Der Flughafen als Nahkampfzone - vergessen, vorbei.

Heute alles ruhig, fast zu ruhig. M. setzt seine Baseballmütze auf, eine dunkelhäutige Polynesierin steckt mir eine weiße Blüte hinter die Ohren. Ein Orchester von drei dicklichen Musikern trällert in der Eingangshalle des Flughafens unentwegt "Tahiti, Tahiti, wakalee!" Oder in Variationen "Moraroa, wakalee", "Bora Bora, wakalee". Geographieunterricht zu nächtlicher Stunde. M. und ich stehen schlaftrunken in einer unendlichen Kolonne von Touristen. Irgendwo, 100, 200 Meter entfernt, kontrolliert ein blaugekleideter Zollbeamter mit zackigem Schnauzer und gleichgültiger Pedanterie die Reisepässe der Ankommenden.

Der Gesang drückt auf Magen und Seele, die weiße Blume fällt zu Boden, die Müdigkeit schlägt durch. Fassungslos registriere ich, daß für die französischen Reisenden drei Schalter zur Verfügung stehen, für nichtfranzösische lediglich einer. "Mararori wakalee!", "Mallorca wakalee!" Wie schön! Die drei Zollbeamten machen keine Anstalten, den französischen Schalter für Nichtfranzosen zu öffnen. Obwohl längst keine Franzosen mehr passieren. Ein Holländer ruft aus, gestikuliert. Erfolglos: Pflicht ist Pflicht - Schalter sind da, um nach ihnen zu schalten. Vive la France!

Der Gesang setzt wieder ein, lauter als zuvor. "Wakalee, wakalee!" Nach 20 Minuten - endlich: der Einreisebeamte mustert mich mit verkniffenen Augen, vergleicht meinen unrasierten Kopf mit demjenigen im Reisepaß. Der Einreisestempel klatscht in das Dokument. Dynamik pur. Nun sind wir da! Das kleine Café, von dem der Planungsbeamte Fischer erzählt hat, befindet sich am Ausgang des Flughafens.

Rucksacktouristen warten auf den Weiterflug.

Die Croissants seien teurer als bei uns, meinte Fischer, dafür auch besser. Doch die Croissants sind weder teurer noch besser, sie sind gar nicht mehr vorhanden. Verzehrt von Franzosen, die nicht anstehen mußten. Mißmutig sitzen M. und ich da.

In den Straßen Papeetes erwacht allmählich der neue Tag. Der Geruch einer Bäckerei weht herüber. M. observiert mit zusammengekniffenen Augen die polynesische Bedienung beim Zusammenräumen der Kaffeetassen, hoffend, daß sie einen kurzen Blick auf ihre gebräunten Polynesierbeine freigibt. Vergeblich. Blättere in einer zwei Wochen alten Bild-Zeitung. Eine Investition von zwanzig Francs. Auf der ersten Seite das letzte Bild von Roy Black. Weltexklusiv. "Schön ist es, auf der Welt zu sein!"

Um 8.50 Uhr mit der Air Tahiti VT 240 endlich auf Bora Bora. Das wahre Paradies! Alles blau: Wasser und Himmel, grell und leuchtend

zur unendlichen Symbiose vereint. Keine Blume im Ohr, dafür ein weißer Blütenkranz um den Hals. Blume gegen Blütenkranz - eine Frage des Preises. Aus Lautsprecherboxen trällert: "Bora Bora wakalee." Der Lohn für einen abenteuerlichen Flug: Highs und downs über der Südsee.
Auf dem Anflug von Papeete glaubte ich sogar, Martin Walser zu sehen. Ein älterer Herr mit Brille, ernsthaft und deutsch. Doch es war nicht Martin Walser, er sprach weder deutsch noch französisch. Das heißt, er sprach überhaupt nicht. Auch nicht, als ich ihn unbewußtbewußt mit dem Koffer berührte. "Wahrscheinlich ein ehemaliger Schüler, dachte Helmut. Das passiert einem ja leider immer wieder, daß man von ehemaligen Schülern oder Schülerinnen angesprochen wird. Und meistens von denen, die vorher alles getan haben, einem die Arbeit in der Schule unerträglich zu machen." (Ein fliehendes Pferd, S. 19)

Bei der Zwischenlandung in Raiatea nahm der vermeintliche Walser seinen Hut, verließ das Flugzeug. Die Südsee ohne Martin Walser. Doch nun sind wir auf dem Flughafen von Bora Bora. Die Entscheidung: Bora Bora Lagoon Ressort oder Hotel Bora Bora? 1500 Franken die Nacht gegen 1000 Franken die Nacht. Die Spreu und der Weizen. M. reservierte das Bora Bora Lagoon Ressort. Wenn exklusiv, dann exklusiv, sagt er. Die schneeweiße Yacht gleitet durch die himmlische Lagune dem Traumziel entgegen. Eigentümer ein Japaner. Auf dem Oberdeck der Kapitän, ein Playboy mit dunkler Sonnenbrille, daneben eine zickige Polynesierin als Vertreterin des Hotels, auf dem Unterdeck M., der alte Jungsozialist, fett mit Sonnenbrille und Kranz. Dafür ohne Hammer und Sichel. Daneben ich - ohne Sonnenbrille, dafür mit Kranz und Blume. Im Schnellgang durch das Atoll. Alles satt, alles grell, schmale Fischerboote mit Fischern, die nicht fischen, sondern unentwegt Ukulele spielen: "Bora Bora, wakalee!"

Soviel Südsee ist gar nicht zu ertragen. Das Bora Bora Lagoon Ressort ist Südsee pur. Sogar die Luft flirtet. Ein Lagunendorf inmitten des Paradieses. Wie die Pfahlbauten in Unteruhldingen am Bodensee - nur echter und teurer. "Der Schwindel ist, sagte Klaus, daß

dort überhaupt nie Pfahlbauten standen; diese nachgebauten Pfahlbauten täten aber so, als seien da mal welche gewesen." (Ein fliehendes Pferd, S. 45)
Erstmals seit zwei Wochen weicht der Druck von der Lunge. Alles ruhig. Eine Oben-ohne-Frau liegt am Swimmingpool. Nur sie. "Mit Hilfe seines professionellen Blicks sah Helmut ihre Brüste im Vorbeischauen an. Die Brüste sahen aus, als wären sie selber neugierig." (Ein fliehendes Pferd, S. 49). Ich bewege mich in meiner viel zu großen Badehose auf die Frau zu. 20 Meter vor dem Pool kehre ich in die Hütte zurück, hole "Ein fliehendes Pferd", damit die Oben-ohne-Frau nicht denkt, ich starre ihren nackten Oberkörper an, sondern lese. Als ich zurückkomme, ist sie verschwunden. Nun liege ich mit Walser in der brütenden Sonne, M. hat sich verkrochen.
Es ist alles heiß und flirrend, ich wage nicht aufzustehen. Der Mann, der mit einem Schlauch die Steinplatten abspritzt, könnte dabei erst recht denken, ich sei nur wegen der Oben-ohne-Frau gekommen. Und so blättere ich lustlos in Einem fliehenden Pferd bis ich bemerke, daß ich es schon in Australien gelesen habe. Ein Mißverständnis, unverzeihlich. Eigentlich wollte ich die "Brandung" holen. Doch der Schlauchsprit-zer hinter den Palmenwedeln beobachtet mich unentwegt. Wartet auf meinen Fehler, ich bin gezwungen zu lesen. Die Rettung offenbart sich in einem Kugelschreiber und einer Postkarte. Ich schreibe:

Bora Bora, 23.8.

Lieber Martin,
nachdem wir die französischen Bürokraten überwunden haben, erwartet uns das Paradies. Türkisblaues Licht, schöne Frauen (!), satte Farben. Mit freundlichen Grüßen,
Manfred und Matthias

Samstag, 24. August

Haifischjagd. So der Titel der in der Hotellobby angekündigten Attraktion für 500 Francs francais. M. will nicht zur Haifischjagd, weil er Haie nicht mag und lieber schnorchelt.
Für mich ein Vorwand, eigentlich hat er es auf eine braungebrannte Kioskfrau abgesehen, eine Polynesierin, die alle Klischees der Welt erfüllt. Macho!
Ich hingegen liebe weder Haie noch Schnorcheln, und so melde ich mich zur Haifischjagd an. Die Oben-ohne-Frau ist vom Erdboden verschwunden, doch angezogen ist sie auch nicht mehr als Oben-ohne-Frau erkennbar. Treffpunkt 11.00 Uhr am Strand. Die Bootsführer, zwei braungebrannte Polynesier, einer langhaarig, der andere mit Zahnlücke. Über ihrem Geschlechtsteil ein blütenweißes Tuch, sliplos, wie bei einem schottischen Dudelsackspieler - nur exotischer und wohl auch erotischer. Ihre Begrüßung: “Brother”, die ganze Welt voller “Brothers”. Die vier Japaner wie auch die Spanierin mit ihrer Mutter, alle Brothers. “Hi, brothers”, sagt der Langhaarige, während das Boot in die blaue Lagune hinausschnellt. Die Zahnlücke nimmt die Ukulele, die Japaner ihre Photoapparate, und die spanische Mutter klammert sich am Rand des Bootes fest. Ein Aufstöhnen der Zahnlücke: “Bora Bora, wakalee”, ich schaue auf die Uhr: Um 16.05 Uhr wird “meine” Air Tahiti VT 240 nach Papeete zurückfliegen.
Über dem offenen Meer dunkle Regenwolken, klirrende Farben, eine grandiose Inszenierung der Natur. Wenn die Japaner nicht wären. Der eine - mit Brille - erkundigt sich nach meiner Reise. Ich erzähle ihm, daß ich die Erde in drei Wochen und zwei Tagen umrunde. Er schüttelt den Kopf, “very interesting”, allein für die Durchquerung von Europa (mit Paris, Jungfraujoch, Luzern und Berlin) benötige er fast eine ganze Woche. Der Dialog wird abrupt unterbrochen, da die Zahnlücke kasernenartig schreit: “Brothers!” Den Zeigefinger führt er zu den Lippen, um absolute Ruhe anzukündigen.
Es ist absolut ruhig. Die Ukulelen und der Motor des Bootes sind verstummt, nur eine Japanerkamera klickt. Wir sind an der Grenze der Lagune angelangt, vor uns das offene Meer, die sattgrüne Insel liegt rund zwei Kilometer zurück.

Die Haie kämen immer zur gleichen Zeit angepirscht, erklärt der Langhaarige. “Not dangerous, brothers!” Dann steigt er behutsam ins Wasser und taucht unter. Die Zahnlücke überreicht uns währenddessen auf dem Boot Brille mit Schnorchel. Ich ziehe mir das Ding über, ungewohnt, wie ein Astronaut bei der Landung auf dem Mond. Unter Wasser noch unangenehmer, da sich beim Einziehen der Luft das ganze Ding mit Salzwasser füllt. Meine Augen brennen, dann begreife ich: der Schnorchel ist verkehrt montiert. Als ich das verdammte Ding umdrehe, präsentiert sich eine andere Welt. Alles vorhanden - nur keine Haie, dafür kleine, namenlose Fischchen. Aber so viele sind es auch nicht. Die beiden Japanerinnen zappeln mit ihren dünnen Beinchen, die Spanierin - ihre Mutter ist auf dem Boot geblieben - plantscht unbeholfen, vermutlich eine Nichtschwimmerin. Der Langhaarige greift sich mit der linken Hand einen dieser namenlosen Fische - zack - ein schneller Griff, ein schnelles Zucken, dann beißt er dem verdutzten Tier den Kopf ab. Das Wasser färbt sich rot, wird immer roter. Plötzlich dunkle Schatten - die Haie kommen.
Vielleicht zehn, vielleicht zwanzig, vielleicht auch weniger. Lautlos zischen sie durchs Wasser, die Zähne weiß geleckt. Unbehagen. Ich ziehe mich zum Rand des Bootes zurück, in die sichere Entfernung von rund zehn Metern. Vor mir zappelnde Japanerbeine. Weiter vorne: der langhaarige Polynesier, der einem weiteren Fisch den Kopf abbeißt und mit diesem - zwischen die Zähne geklemmt - die Haie lockt.
Weh dem, der die Haie küßt! Hinter mir, ein spitzer Schrei. Die Spanierin! Schrecksekunde. Glaube für einen kurzen Moment, alles sei vorbei. Doch es ist nur die Zahnlücke, die ihr mit feschem Griff in den prallen Hintern kneift. Lustvoll. Die Spanierin strampelt, die Mutter - auf dem Boot - befürchtet, ihre Tochter sei von einem Hai gebissen worden. Doch die Zahnlücke winkt der Mutter aus dem Wasser breit lachend zu, komplizenhaft, soweit es die Zahnlücke zuläßt. Die Mutter, erleichtert ausatmend, winkt zurück, im Glauben, die Zahnlücke habe ihre Tochter vor dem weißen Hai gerettet. So sind alle glücklich. Auf dem Boot der schnelle Griff zur Ukulele: “Bora Bora, wakalee!” Die Japaner singen mit.

Nach einer Stunde wird es beträchtlich kühl. Eine frische Brise vom offenen Meer. Der Langhaarige springt ins Wasser und küßt die Fische, breite, flache und große. Die Lieder wiederholen sich, ich fröstele. Das Boot tuckert. Kein Chrysler wie das von Mike Baum. Nach gut einer Stunde - die Zahnlücke hat sich zwischen Mutter und Tochter eingeklemmt - greift der eine der beiden Japaner schüchtern zur Ukulele. Der Langhaarige nickt motivierend: "Yes, brother, you must try!" Ein Fehler! Der Japaner beginnt langsam zu spielen, dann schneller: Ukulele-Talent. Statt eines unmotivierten Aufkreischens des Instruments erklingen solch sanfte Töne, wie ich sie zuvor selten gehört habe: "Bora Bora wakalee!" Und dies aus japanischem Mund. Die Spanierin klatscht begeistert, was die Zahnlücke irritiert. Ihre Hand gleitet von seinem braunen Arm fast unmerklich auf den bleichen des Japaners.

Der Langhaarige schweigt, sein Blick fällt konsterniert aufs offene Meer hinaus, wohl hoffend, daß die Haie nochmals kommen. Diesmal aber die weißen. Der Weltenkampf inmitten der Südsee - und dies wegen einer Ukulele. Ich als Schweizer einmal mehr dabei - als Beobachter. Das japanische "Wakalee" wird immer eindringlicher, dominanter. Die spanische Mutter und Tochter fallen in schunkelähnliche Bewegungen, die drei anderen Japaner klopfen den Takt am Bootsrand. Die beiden Einheimischen schweigen. Als sich das "Wakalee" zu einem "Wakalee Ole" steigert, wird es dem Langhaarigen zuviel. Abrupt greift er zum Instrument, reißt es dem Japaner aus der Hand. "Thanks, brother". Dann Stille. Der Japaner, überhaupt nicht realisierend, was geschieht, versucht es nun ohne Instrument: "Bora Bora, wakalee!" Mit seinem Arm imitiert er die Ukulele. Doch der Langhaarige winkt unwirsch ab. Er ist außer sich. Die Spanierin, die etwas sagen will, verstummt inmitten des Satzes. Meine Stunde. Ich versuche die Stimmung zu heben, singe "Bora Bora wakalee", aber nur so für mich, daß es niemanden stört.

Die Stimmung hat viel von ihrer urtümlichen Fröhlichkeit verloren. Das Boot erreicht - eine halbe Stunde zu früh - um 13.30 Uhr das Bora Bora Lagoon Ressort. Gebe dem Langhaarigen 20 Francs Trinkgeld, bevor ich in mein Zimmer zurückkehre, um zu packen.

19.05 Uhr Abflug der Air Tahiti VT 240 von Bora Bora. 19.50 Uhr Ankunft auf Tahiti. Economy-Class. Dafür - einmal mehr - ein Blumenkranz um das Haupt. Ich bin müde, Kopfweh. Diagnose: leichter Weltenrausch.
M. hingegen wirkt frisch, entspannt. Er lächelt unentwegt. Eine weitere Affäre?

Auf dem Flughafen von Papeete unzählige Touristen, viele Franzosen, keine Schweizer. Gegen 21 Uhr Gepäckabgabe. Aus dem Hinterhalt eine Stimme: "Wissen Sie, wie die Bayern gespielt haben?" Frank D. Brieger ist Fabrikant für Schmierölprodukte, kommt aus dem Ruhrpott, ist Fußballfan - und froh, endlich wieder Deutsch zu hören. Sogleich zückt er die Karte: Frank D. Brieger. D für Deutschland. Er sei mit Frau und Kindern während drei Wochen auf Bora Bora eingeschlossen gewesen: "Verstehen Sie, eingeschlossen!" Zwar im Bora Bora Hotel, dem traditionsreichsten und urtümlichsten der Südsee. Aber trotzdem: eingeschlossen. Die Einheimischen, und dafür hätte er vollstes Verständnis, können nicht mehr arbeiten: "Einfach nicht mehr arbeiten." Ein kurzes, heiseres Lachen, nur den ganzen Tag Ukulele spielen fördere das Bruttosozialprodukt ja auch nicht. Das sei bekannt. "Doch ausgerechnet wir Deutschen sollten uns zurückhalten. Hochnäsig zu sein ist der falsche Weg - die Geschichte lehrt!"

Dieter Thomas Heck wäre für Brieger der richtige Bundespräsident; aber nicht zwingend. Schließlich gibt es auch noch Berti Vogts. Kurze Verschnaufpause, dann überraschender Themenwechsel: "Und Sie waren im Club Med?" Brieger setzt einen kontrollierenden Blick auf. M. antwortet: „Im Bora Bora Lagoon Ressort." "Ah, im Bora Bora Lagoon Ressort!" Kurzes, anerkennendes Lachen. Hotels machen Leute. Briegers Familie, seine Frau mit gestrengem Lehrerinnenblick und die beiden halberwachsenen Töchter, steht gelangweilt daneben. "Tahiti", sagt Brieger, um vom Hotelthema abzulenken, habe eigentlich wenig zu bieten. Das Gauguinmuseum vielleicht, aber die meisten Gauguins seien ja eh Kopien.
Brieger nimmt seine Koffer vom Rollband. Nicht Gauguin ist seine Welt, sondern der MSV Duisburg. Ehrentribüne während der

Bundesligaspiele. Die Ehefrau gibt ein heimliches Signal, den Dialog zu beenden. Sie scheint von unserer Anwesenheit nicht sonderlich begeistert. Brieger übersieht es. Endlich ist er der Tristesse des Inselalltags entronnen. "In zehn Jahren wird man hier als Tourist nur noch wie Dreck behandelt!" Die Mentalität, Entschuldigung, sei im Eimer. Nur so könne man es ausdrücken. Der Hotelmanager hätte ihn ausgelacht, er sehe alles zu pessimistisch. "Eine Frechheit, als Unternehmer weiß ich schließlich, was arbeiten heißt!" Briegers Frau kneift ihren Gatten in den von der Sonne verbrannten linken Unterarm. Ein kurzes Durchatmen. Brieger verabschiedet sich. Fürs erste.

Die zweite Begegnung mit Brieger acht Stunden später in der stickigen Business-Lounge des Flughafens von Papeete. Noch zwei Stunden bis zum Abflug nach L. A. Die Zeit zerrinnt endlos. M. und ich haben uns im Grand Hyatt eine dieser unzähligen Wakalee-Shows angeguckt, eingedeckt mit neuen Blumenkränzen betreten wir den Flughafen. Brieger hingegen hat sich mit seiner Familie in ein anderes 5-Sterne-Hotel zurückgezogen. „Entspannung muß sein", sagt er. M. hört gar nicht hin, er trinkt aus seinem Glas Veuve Clicquot. Der Philosoph wird müde, ich schreibe eine Karte:

Bora Bora, 24.8.

Lieber Martin,
Wir haben soviel erfahren in der Südsee, daß wir Dir gar nicht alles erzählen können. MANFRED ist ein bißchen blau, so wie das Wasser hier. Aber die Bilder GAUGUINS machen alles wett.
Herzliche Grüße, auch an die Frau,
Matthias + Manfred

Brieger blickt auf, sagt: “Ah, Sie fliegen auch Business.“ Sein Neureichengesicht signalisiert kurz Anerkennung. Seine Frau blickt auch auf, verzieht dabei kaum merklich ihre Mundwinkel. Businessfliegen als soziale Errungenschaft. Wer Business fliegt, hat es geschafft; wer nicht, ist Außenseiter oder heißt Dr. Barnard. Die beiden Töchter, brav, Gymnasium, lesen. M. sagt: “Jawohl, wir fliegen auch Business.”

Gleichstand. Business gegen Business. Brieger lenkt ab. “Bayern hatte spielfrei”, sagt er. Er scheint froh, uns wieder erblickt zu haben. Er habe in seiner Firma in Duisburg angerufen. Er selber sei zwar nicht Fan von Bayern, sondern von Duisburg. Damit kein Mißverständnis aufkomme. Früher, in seiner aktiven Zeit als Torwart, habe er noch gegen Rehhagel gespielt, eine ehrliche Haut, nichts für die Bayern. Brieger sieht das Leben aus der Torwartperspektive, immer nur Abwehr. Als Ruhrpottler ist er gewohnt, zu kämpfen. Mittlerweile hat sich die Business-Lounge mit Passagieren gefüllt, die die Zeit bis zum Abflug mit Häppchen und Sandwich überbrücken. Aus den Lautsprechern: Wakalee-Musik. Irgendwann penne ich im weichen Polster ein.

Sonntag, 25. August

Amerika ist groß und die Ankunftshalle des Flughafens von L. A. airconditioned. Um 13.25 Uhr Ankunft mit der Air New Zealand NZ 016. Eine unendliche Warteschlange. Drei geschlagene Stunden vor der Zollabfertigung. Eine dicke Frau inspiziert mit akribischer Genauigkeit die Pässe; das ist das Land der Freiheit! Wieviel schneller war die Einreise in Peking, wieviel effizienter die Ankunft in Bangkok, geschweige denn in Australien! Sogar Briegers Frau ist plötzlich froh, uns zu kennen: "Eine Frechheit! Und das soll Amerika sein!" In einer Warteschlange gewinnt man Freunde.
Ihr Mann interessiert sich hingegen für unser amerikanisches Hotel: "The Regent Beverly Wilshire Hotel", sagt M. Daß er eingeladen ist, verschweigt er. "Kennen wir", antwortet der Unternehmer, doch in seiner Stimme glaube ich, leichte Gereiztheit zu hören. Regent gegen Regent, Reisebuchverleger gegen Schmieröl-produzent:
Zwischenstand eins zu eins. Vor dem Bora-Bora-Abstecher war Brieger mit seiner Familie eine geschlagene Woche dort, Kostenpunkt rund 10000 Franken.
Die beiden Töchter mampfen Chewing-gums. Doch einer wie Brieger läßt sich nicht unterkriegen, vor allem nicht von einem Reisebuchverleger.
Nach zwei Minuten macht M. den entscheidenden Fehler; er erkundigt sich nach Briegers Rückflug. "Lufthansa", sagt dieser. "Lufthansa hat eine gute Business class", antwortet M. Gar fahrlässig!

Brieger atmet laut hörbar durch.
"Eigentlich fliege ich nie Business", sagt Brieger. Er wirkt ruhig, ein Torwart, der einen Ball hält, wirkt immer ruhig. Dann setzt er zielsicher an: "Doch New Zealand bietet keine First class." M. zuckt zusammen, als alter Jungsozialist ahnend, daß es wirklich keine Gleichheit gibt. Dann Briegers Feinabstimmung: "Business fliege ich nur, wenn ich muß. Eigentlich fliege ich immer First class." Nur einmal in den achtziger Jahren seien bei der Lufthansa alle First-class-Plätze ausgebucht gewesen. Eine Katastrophe! Brieger spricht schneller. Die Kopfhaut rötet sich wieder. Fast schon naiv erkundigt er sich:

“Und Sie fliegen nie First class?” M. schweigt. Zwei zu eins für Brieger. Business gegen First class.
M. als Rehhagel.
Der Schlußpfiff.

“Der Sieger ist einfach das Zentrum. Dem kommt alles zugute.” (Seelenarbeit, S. 116). Brieger lächelt, als wäre nichts geschehen, klopft M. kameradschaftlich auf die Schultern. Die Ehefrau nickt verständnisvoll. M. auch. Weitere zwei wertvolle Meter Richtung Einreiseschalter, weitere zwei Meter Richtung Amerika. Beim Abschied winken uns Briegers zu. Freundschaftlich. Wir winken zurück.

15.30 Uhr endlich im weißen Mietwagen. Eine unendliche Prozedur! Die unendlichen Weiten Kaliforniens! It never rains in Southern California ...
Der träge Fluß der Blechkarossen, allesamt Automatik, im dämmernden Abendlicht. Raus aus L. A., weiter nach San Francisco. Aus dem Radio Countrymusik und schwätzende Prediger, am Straßenrand der einzig wahre Weltenkampf zwischen McDonald’s und Burger King. M. doziert über die “Verdauungsgesellschaft”, ein von ihm kreierter Begriff. Um 21.00 Uhr einbrechende Nacht. Ein kleines, unpersönliches Motel an der Straße nach Norden.
Gegründet vom “world-famous” Anderson, einem eingewanderten Dänen. Wer kennt schon Anderson? Dafür gibt es warmes Wasser und Colombo im TV. Schlafe katastrophal: Schüttelfröste. Wo ist die Südsee?

M. schläft friedlich.

Bora Bora

Das Paradies hat keinen Namen, aber Bora Bora. Gerrits Jugendträume spielten immer an einem türkisblauen Meer, in farbenfrohen Gewässern und weißsandigen, Palmen gesäumten Ländern und Inseln, und alles hatte schon immer nur einen Namen: Bora Bora. Von Auckland fliegt er über den Flughafen Papeete mit der lächelnden Airline Air Tahiti nach Bora Bora, und seine Vorurteile und Urteile über Frankreich werden schlagartig beendet. Hier versucht ein mutiges europäisches Land, die Allgegenwart des Kulturschocks aus dem riesigen Westkontinent USA zu verhindern; hier bewahren die Franzosen ein Juwel auf gutem Niveau, und Gerrit findet sich sofort ein. Er wird zum Bootsbauer und Kanuten, zum Schwertfischer und Maler.
Die Mutation seines Geistes beginnt auf dem Flughafen, wo französische Beamte jeden Besucher sorgfältig auswählen. Nur ein Schalter ist für Nichtfranzosen reserviert, sechs Schalter aber für französische Bürger. Da die Flugzeuge in der Regel aus Auckland oder auch aus Los Angeles oder auch aus Chile kommen, sind die meisten Leute natürlich Nichtfranzosen; und so werden diese am Flughafen gleich ermahnt, daß dies nicht ihre Bleibe und schon gar nicht die Bleibe ihrer Freunde und Bekannten, und wem man sonst von Reisen zu erzählen pflegt, werden soll. Das ist gut gemacht und gut durchdacht.

Lieber geht einer der - meist asiatischen - Hotelinvestoren Pleite, als daß man die McDonald's-Kultur übergestülpt bekommt. Auf Bora Bora finden sich zahlreiche Hotelruinen von nicht fertiggestellten Häusern, und das sind die Schlagzeilen der Inselzeitung. Die Sympathie für die Haltung, für dieses letzte Aufraffen gegen das amerikanische Raffen, wird sich sogar noch verstärken; jetzt einmal baumelt die Seele des Gerrit, liebt sich selbst in den weichen Fluten der Südsee, findet sich unappetitlich dick gegen die ranken, schlanken, lächelnden Menschen.

Alle seine australischen und neuseeländischen Verblendungen fallen endlich weg. Statt dem Frittengeruch die exquisiten Düfte der frischen Fische, der erntefrischen Gemüse- und Obstschalen, der gepflückten Meeresfrüchte, der Hummern und Austern und die perfekte Art, sie zu kreieren.

Wenn sich Lebensgenuß mit Lebenslust vereint, dann wird Harmonie geboren.

Gerrit paddelt mit seinem Ausleger-Kanu um die Hüttensiedlungen Bora Boras, landet auf intimen verbotenen Privatinseln, badet in den türkisblauen Wassern und labt seine kranke Haut mit den Genüssen der Südsee. Gebe Gott, denkt Gerrit, daß die Besitzer Bora Boras in ihrer irrwitzigen Einbildung noch lange innehalten; daß ihnen die Verlockungen der Fast-food-Kultur nicht so schnell in die Hirne steigen.

Denn mit den Begriffen, den Zeiten, den Werten wandelt sich schließlich auch das Denkgebäude aller. Wir alle können doch gar nicht mehr denken, wie man etwa 1925 gedacht hat oder 1849. Da geht alles verloren; eine ganze Denkwelt geht verloren, wenn Imperialisten des Geistes uns zertrümmern. So wie man heute nicht mehr kochen kann wie im 18. Jahrhundert, so kann der Mensch doch auch nicht mehr denken wie damals. Und das bedeutet doch nichts anderes, als daß man ganze Gedankenwelten vernichten kann, wenn man sie einfach ständig überfällt.
Und das passiert, denkt Gerrit, in Kapstadt oder Hongkong oder Bangkok oder Auckland oder Sydney. Nur hier in Bora Bora, ganz überraschend, existieren noch Schönheit und Ruhe.
Gerrit saugt, nuckelt, gurgelt, geifert.

Nachts spaziert er durch die dunklen Wege Bora Boras. Keiner und niemand kümmert sich, es ist einfach nur ruhig. Hunde streunen, Lichter sind gelöscht, keine Lust auf Hektik.

“Hektik”, ein seltsames Wort. Ein deutsches Wort. Wie Siegfried, Stimmung, Schunkeln oder Gemütlichkeit oder Zeitgeist oder Kindergarten oder Ballermann.

Hektik, was ein unübersetzbares Wort für die Menschen der Südsee, die so lustvoll leben, daß der Gast körperlich angesteckt wird, daß ihm sein Tun - das Tippen auf die Buchstaben einer Maschine, das Fegen eines Hofes, das Putzen einer Wand, das Produzieren und Dienstleisten, das Handeln und Verhandeln und das Servieren und Abservieren - wie ein unendlicher Irrtum vorkommt.

Gerrit ist froh, daß er bald weg muß, denn er würde lebensunfähig, wenn er länger lebte in der süßen Luft der Südsee.

Gerrit malt. Ein erstes Bild: Mädchen und See. Ein zweites Bild: Mädchen und Boot; ein drittes Bild: See und Fisch und Mädchen. Ein viertes Bild: Lobster.

Gerrit wird Franzose, Südseefranzose. Er greift zur Ukulele.

Wenn man Geld hat, denkt Gerrit, der nun mal nur so denken kann, wie er gelernt hat zu denken, dann kehrt man zurück. Und indem er das denkt, denken muß, macht er seine Südsee schon wieder kaputt. Aber das wird vielleicht, vielleicht deren Chance sein: Es ist unmäßig teuer und mühsam für Mallorca nach Tahiti und weiter nach Bora Bora zu fliegen. Oder nach Palau.
Es darf keine Rolltreppe geben wie die in Hongkong, die das Multimillionendorf zur lauffreien Zone macht. Es darf keine Lifte geben wie der in Marmaris, der den unzugänglichen Strand erschließt. Wo eine Chinesische Mauer, immerhin das einzige Bauwerk, das man vom Mond zu sehen scheint, zu einem Disneyland wird: Was ist das für eine Zeit? Und wenn es den Fabrikanten stört, daß man auf Bora Bora ziemlich lahm bedient wird, ziemlich knapp eingecheckt, ziemlich mühsam die

Koffer transportiert bekommt, wenn es diese Fabrikanten und deren Nestbeschmutzer stört, dann lacht die Seele von Gerrit.

Immerhin ist Gerrit nun aber doch einige Tage schon unterwegs, ohne daß sein Bedürfnis nach Erotik ihn in ein reales Abenteuer stürzen konnte. Das zeichnet ja den Bereiser der Welt, den Imperialisten im touristischen Gewand, aus, daß er immer noch an den primären Bedürfnissen seiner Art hängt. Und es scheint dem westlichen Psychoten unbedingt gegeben, seine Art um jeden Preis an jedem Ort fortpflanzen zu wollen, zumindest seine Duftmarken setzen zu wollen.

Hier unterscheidet sich Gerrit kein bißchen, Gildo noch weniger, von den Ruhrpottbesuchern des Ballermann 6, der ja nicht umsonst ausgerechnet der Ballermann 6 geworden ist. Wer dort schunkelt, wird erstaunt feststellen, daß alle ihre deutschen Lieder ausgerechnet im Ballermann 6 - und nicht etwa in den ebenfalls vorhandenen Ballermann 5 oder Ballermann 7 - lostreten. Der Grund, da ist sich der Ballermann-Philosoph Gildo sicher, liegt in der Zahl „sechs“. Und daß Gauguin auf Bora Bora hängen blieb und nicht auf Mallorca oder Jersey, liegt auch an der “Sechs” und ihren Interpretationen mit dem X.
Immerhin, Gerrit scheint meilenweit entfernt davon, das süße Südseeleben in den wahren, wichtigen Dimensionen der Zeit kennenzulernen, denn in der Hoteloase, im Luxus, in den 800 Dollar teuren Zimmern herrscht wie in allen diesen Reichenherbergen die blanke Langeweile, wenn auch hier kaschiert durch blanke Strände, türkisblaues Wasser und weiße Kanus und Haifisch-sightseeing-Touren. Das Paradies kann eben auch höchst öde sein, und die Frage für den Künstler, ob er denn das Paradies oder die Hölle nach seiner irdischen Zeit vorzöge, dürfte schwerer als schwer zu beantworten sein.
Aber es muß doch irgendwo etwas zu erleben geben, denkt Gerrit, während er durch die perfekte Anlage, am ausladenden Pool entlang, durch das winddurchflutete Hauptgebäude und die Sporträume geht.

Und da helfen dann, wie weltweit scheinbar überall, wieder einmal nur die ewigen Helferinnen für entwöhnte Männerkörper, die guten, edlen, kostenlosen Liebesdienerinnen dieser Welt, die Barmädels!

Im Bora Bora Lagoon Hotel - dem besten Haus, auf einem vorgelagerten Inselchen gelegen und dieses monopolistisch beherrschend - darf dies nicht anders sein, und an der hoteleigenen offenen Lagoon Bar, direkt neben der Anlegestelle für die Hotelboote, erkennt Gerrit sofort, daß auch Bora Bora für alle Notfälle den Weg zur Helferin an der Bar offen hält.
Sie kommt von der Insel, auch wenn der Vater Franzose ist, und sie spricht leidlich französisch und wenig englisch und bestens natürlich die Landessprache: ein herzliches Lächeln zur Begrüßung, ein albernes Lachen beim „Wo-kommst-du-her"-Dialog und für jeden zweideutigen Satz dankbares Kichern.
Sie heißt Huinula-lui, "kleine Honigblüte" übersetzt, und daß der Name „Honigblüte" für einen auf Entzug gesetzten Gerrit - der seinen Reisekumpan auf eine Haifischtour mit Japanern und Spanierinnen und Eingeborenen geschickt hat - manchen zweideutigen Kalauer auf Lager hat, versteht sich.
Die Philosophien und Variationen eines Deutschen über „Honigblüte" in der Südsee in gebrochenem Französisch und schnellem Englisch erreichen walserisches Weltniveau, und mehr als einmal denkt Gerrit während des Bardialogs - getragen von einem von Honigblüte liebevoll gemixten Buntgetränk voller Cointreau und Grand Marnier und anderem süßem Stoff - an die Szene in Walsers "Ohne einander", wo ein älterer Herr an den Ufern des Starnberger Sees die Tochter einer Bekannten vernascht.
So schlecht und unehrlich geschrieben und vielleicht deshalb gar nicht so unwahr.
Denn die Wahrheit ist schlecht und unbeschreibbar.
Kleine Honigblüte ist gut und beschreibbar und hell lachend.
Gerrit hat wenige Stunden Zeit und noch keine Idee. Glücklicherweise sind diese Luxusressorts auch Rentnerher-

bergen; und die wenigen flotten jüngeren Männer sind nur hier, weil sie in die Falle der Ehe mit langweiligen, gestylten Bikinimädchen gegangen sind, und nun müssen sie den ersten Eheausflug, der meist ja gleich zur inneren Scheidung führt, auch noch in der Regel selbst bezahlen und können es sich auch bei größter Lust nicht leisten, ihre Zeit in den Bars zu verbringen.
Will sagen mit schweren Worten, so wie es Gerrit nach dem dritten Honigblüten-Cocktail geht: Die Bar bleibt verschont von lästigen Konkurrenten.
Kleine Honigblüte hat auch bald gefragt, ob er denn mit seiner Frau hier sei.
Und als er sagt, er reise mit einem Freund, war sie sich wohl ziemlich sicher, daß es sich dann trotzdem um eine Hochzeitsreise handle.
Gerrit braucht mindestens zehn Minuten und wiederholte Blicke in das freigiebige, allerdings nicht üppige Dekolleté und auf die unter dem gebundenen langen Rock braungelben Beine, um Honigblüte ins Zweifeln zu bringen. Endgültig glaubt sie ihm sowieso erst, daß er nicht schwul und nur ein Alibi-Anmacher ist, Stunden später.

Immerhin, die Zweideutigkeiten werden schärfer und direkter, Gerrit zeigt seiner kleinen Honigblüte, wie europäische Fußballer ihr bestes Teil beim Freistoß schützen, und Honigblüte zeigt, wie Mädchen aus Bora Bora sich bewegen, um einen möglichen Freier auf sich aufmerksam zu machen: Sie schwenken nämlich das seitlich hoch geschlitzte Tuchkleid so geschickt, daß man ihre unbedeckte Scham sieht. Sie zeigt es ihm so lebensecht, daß Gerrit verblüfft sieht, was den Jungs aus Bora Bora eine Selbstverständlichkeit scheint: Die Blüten der Insel kennen keine Calvin-Klein-Underwear, und auch nicht die von Schiesser oder Goldpfeil.

Und weil Honigblüte für ihre Scham auch noch das schöne französische Wort ... benutzt, wird Gerrit sofort wieder eindringlich klar, daß er wahrhaftig kein bißchen schwul fühlt, was Mann ja gelegentlich bedauern sollte.

Gerrit und Honigblüte verschleudern die Zeit. Sie flirten wohl drei Stunden lang, begleitet von fünf Cocktails für ihn und zwei Orangina und dann doch ein Cocktail für sie. Unterbrochen nur gerade zweimal von schwer atmenden Rentnergästen, die kaltes Bier in Dosen mitnehmen.
Gerrit hat nur diesen Abend Zeit - denn es ist die letzte Nacht seiner zwei Südseetage -, um Honigblüte auszusaugen. Ab dem vierten Cocktail denkt er denn auch ziemlich cool daran, ob er Geld anbieten soll oder wie auch immer er den unbedeckten Schritt von Honigblüte am zügigsten entdecken kann.
Honigblüte kommt ihm direkt dagegen, denn beim Mixen seines fünften Cocktails sagt sie, daß es nun aber „suffit" genug sei für ihn, denn sonst sei er schließlich nachher viel zu betrunken. Und lacht dabei ihr freches Südseelächeln.

Gerrit wartet auf seinem Zimmer um 19 Uhr, nur mehr leicht angetrunken, etwas fickrig, aber erstaunlich südseeleicht.
Honigblüte hat nur eine Stunde Zeit, denn sie macht um 19 Uhr die offene Lagoon Bar zu, aber muß schon um 20 Uhr die geschlossene Abendbar betreuen. Wir spielen in meiner Pause, hat sie ihm gesagt, bevor er heiter die Bar verlassen hat, und sie hat noch gesagt: Du bist ein schöner, fremder Mann.
Auf französisch, mit der piepsenden, hellen Südsee-Stimme. Nie hat Gerrit diese Worte bekommen: Du bist ein schöner, fremder Mann!
Das tut dem gedemütigten Weltenrammler wohl, und er will sich Mühe geben.

Als sie eintritt, legt sie den Finger auf den Mund und erklärt, daß sie eigentlich nicht zu Gästen aufs Zimmer darf. Sie kichert dabei wie eine Vierzehnjährige - Honigblüte ist nicht viel älter, vielleicht achtzehn -, die man beim Rauchen erwischt und die beim Lungenzug erklärt: Oh, das ist meine erste Zigarette.

Gerrit gibt ihr das vorbereitete Glas mit Champagner Veuve Clicquot aus seiner Zimmerbar, sie stellt es eher achtlos hin und geht zu ihm, sagt dann noch einmal: So ein schöner Mann, dann baissa-me und Wir haben so wenig Zeit.
Sie lieben sich wirklich und wahrhaftig und ohne jeden Streß und ohne Hektik und Gewalt und erstaunlich sanft, wie es Gerrit sonst gar nicht mag, eine Stunde lang auf dem Bett und dem Holzfußboden über dem Wasser und auf dem Balkon draußen vor dem Meer, wo sie ein langes Weilchen auf seinem Schoß sitzt, ohne Scham, daß sie entdeckt werden könnte, und mit einer so perfekt runden Bewegung in ihrer Hüfte, daß Gerrit zum Südseegott betet, daß dieses Gefühl lange anhalten möge.
Als Gildo mit der Haifisch-Tour draußen am Horizont vorbeifährt, winken beide steif und verletzlich, verschwinden aber schnell im Zimmer, um es zu vollenden. Honigblüte wird zur Biene und nimmt eine große Handvoll Saft auf ihren braunen, von dunklen Spitzen gekrönten Körper.
Ich muß gehen, sagt sie dann, geht zur Dusche, kennt den Weg dorthin, kommt frei lächelnd heraus, sagt ein nächstes Mal: Welch ein schöner Mann! und: komm später zur Bar und Merci, Merci bien.
Und sie küßt Gerrit schnell und flüchtig und läuft leicht barfuß hinaus in die angebrochene frühe Nacht der Südsee.
Gildo kommt bald später, erzählt lange die Geschichte einer Bootsfahrt mit japanischen Gitarrenspielern und spanischen Müttern und fischkopfbeißenden Einheimischen; Gerrit hört aus Pflicht zu, erleuchtet und erstaunt.
Er möchte eigentlich nur noch weit weg gehen, bevor er bleiben muß. Gerrit schlägt gar nicht vor, zur Hotelbar zu schauen, sie fahren vielmehr mit dem Schiffchen auf die Hauptinsel, gehen ein bißchen in der unheimlichen Dunkelheit spazieren, finden eine Bar am kleinen Hafen, lassen sich vollaufen mit Bier; Gildo erzählt heute ununterbrochen und merkt nicht, daß er da mit einem versteinerten, in lieblicher Lähmung versunkenen Abwesenden spricht, der die Südsee erkannt hat, oder besser: den die Südsee erkennen ließ.

Am nächsten Tag auf dem Flug ins gelobte Land wird Gerrit sich quälen, warum er seine Honigblüte nicht mehr besucht hat. Und doch ahnt er, daß es auf den ganzen langen Reisen seines Lebens einer der weiseren Entschlüsse war.

Man darf sein Erkennen nicht durch Penetranz zerstören.

Immerhin hat er sich mal wieder einen schönen Namen erkämpft nach den Kathleens und Jeans und Monicas in Hongkong oder Australien oder Neuseeland:

Kleine Honigblüte Bora Bora, je reviens.

Montag, 26. August

4.00 Uhr früh. Hinein ins Auto: Highway one. Ein Radioprediger flucht über den gottlosen Präsidenten. Ein allmorgendliches Ritual, auf fünf Sendern fluchen Radioprediger über gottlose Präsidenten. Vor Berkeley sinkt die Benzinanzeige. M. wird nervös, die Weltumquerung droht wegen einer fehlenden Tankstelle zu scheitern. Ein leerer Tank als Supergau. Doch in Amerika gibt es immer ein Happy-End. Aus dem Morgengrau leuchtet kaum übersehbar: „Exxon." Gegen 8.00 Uhr – endlich - in San Francisco. "Morgens tupft die Sonne San Franciscos Bauten aus dem Dunst. Sie geht vor wie ein Aquarellist und fängt an mit den Pfeilern der Bay Bridge." (Die Brandung, S. 65)

Doch heute ist die Sonne kein Aquarellist, sondern ein Flächenmaler; alles ist grau in grau. Einfahrt über eine Brücke, die zwar nicht die Golden Gate Bridge ist, aber aussieht wie die Golden Gate Bridge. Es scheint, daß alle Brücken San Franciscos kleine Golden Gates sind, namenlose Duplikate. In drei Stunden durch die Stadt. Mit der Tram die Hügel rauf und runter, die Lombartstraße im weißen Mietwagen nur runter, über die Golden Gate geradeaus, einen Blick auf das Gefängnis Alcatraz Island, keinen Hippie gesehen. Um 12.00 Uhr schon wieder auf dem Highway Richtung nirgendwo. Ein Brennen im Magen. Ein Drücken. Ich zittere. M. fabuliert von einem Film namens "Zabriskie Point". Ort der Handlung: Zabriskie Point im Death Valley. Höhepunkt: eine Massenorgie inmitten einer toten Kraterlandschaft. Nackte Körper auf heißem Stein. All you need is love - Altachtundsechzigererotik. Der Radioprediger brummelt pausenlos. Kurz nach San Francisco passieren wir einen Verkehrsunfall. Keine Verletzten scheinbar. Ich habe Kopfschmerzen.

San Francisco, 26.8.

Lieber Martin,

Kalifornien brandet.
Die Straßenbahnen San Franciscos fahren, wie Du weißt, an Seilen. Wir wären froh, wenn Berkeley uns rufen würde. Bis jetzt nichts gehört. Melden uns bald. Gruß an Deine liebe Frau.
Matthias und Manfred

Um 16.00 Uhr immer noch in der Wüste, um 18.00 Uhr auch noch in der Wüste, um 19.00 Uhr zur Abwechslung ein bißchen Wüste. Distanzen werden zweitrangig. Auf der Landkarte ein gelber Fleck. M. will noch heute das Death Valley erreichen. Zabriskie Point sei für ihn genauso wichtig wie Ballermann 6.

Vielleicht noch wichtiger. Bei Kino Fritze in Singen hätte er den Film gesehen. 1969. Antonionis Meisterwerk. Während der Wüstenszene hätte er seiner Begleitung schüchtern die strumpffreien Beine gestreichelt. Was dann passiert sei, wisse er nicht mehr. Von Zabriskie Point hingegen kenne er noch jede Sequenz.

Ich kenne den Film nicht, nicke trotzdem. Keine Filme zu kennen ist ein Fehler. Schlimmer noch, als Walser zu ignorieren. Gegen 20.00 Uhr werfe ich den in Fresno gekauften Chewing-gum durch das offene Fenster. Sein Geschmack hatte sich in meinen Mundwinkeln neutralisiert. Geruchlose Kaugummis fördern das Kopfweh; doch lieber Kopfweh als Mundgeruch. Der Kaugummi wird vom heißen Fahrwind erfaßt und an das hintere Chassis geschleudert. Eine klebrige, rötliche Spur zieht sich über das schneeweiße Blech. Himbeerkaugummi.

22.15 Uhr, Einfahrt ins Death Valley. Oder das Gefühl, in das Death Valley zu fahren: Es ist heiß, trocken, staubig. Die Sanddünen kontrastieren mit dem halbdunklen Abendhimmel. Vollmond. Das Licht liebt auch Amerika - das Licht ist polyglott. Ein Schild: "20 miles Death Valley." M. sagt: "Wir sind noch nicht im Death Valley." Eine optische Täuschung. Die trostlose Gegend vor dem Death Valley ist namenlos. Wir durchqueren sie im Schnellgang, um möglichst rasch ins Death Valley zu kommen. Die Landschaft ist dieselbe: ein Vor-Death-Valley. Der Weg als Ziel.
Um 22.40 Uhr der erste Höhepunkt: ein blauer Chevrolet am Straßenrand. Inmitten einer leeren, öden Kraterlandschaft. Drückende Hitze trotz später Stunde. Das Wasser unseres Autos kocht, Buddha brennt.
Zeitlos. "Gottlieb wurde aufgeschreckt durch einen Schrei, einen furchtbaren Schrei, nein, es waren zwei Schreie, dann gleich mehrere. Zwei Frauen kurz nacheinander, dann zusammen, aber nicht in eins verschmelzend." (Jagd, S. 203)

Der Fahrer des Chevrolets (ein kleiner Dicker mit schwarzen Haaren) preßt sich mit schmerzverzerrtem Gesicht an das Auto. Die Hosen runtergelassen. Seine Begleiterin - aus unserem Auto kaum erkennbar - liegt mit hochgeschossenem Rock auf der Haube. Die zweite Frau fehlt. Fata Morgana. Stoßartige Bewegungen des Dunkelhaarigen, ihr Körper wird horizontal auf das Auto gedrückt - ein Geschlechtsakt am Ende der Welt. Wie im Film. „Hier ist nicht Zabriskie Point", ruft M. durch das offene Autofenster. Erfolglos. Der Fahrtwind verweht seine Worte. "Die zwei sahen zwar verstört aus, aber offenbar doch, weil sie gestört worden waren." (Jagd, S. 204). Zwei Filmfreaks vielleicht, mitten in der Wüste Antonionis Oeuvre zelebrierend, ohne die Geographie zu kennen. Zabriskie Point gegen den Rest der Welt. Wüste gegen Wüste.

Nach 20 Minuten Fahrt Rauschzustände. Inmitten des Death Valley weitere blaue Chevrolets mit stehenden Männern und liegenden Frauen. Halluzinationen. Zabriskie Point als Obsession, als Wahn.

Und dann - inmitten dieser toten, trostlosen und gespenstischen Landschaft das Schild "Gemüsegarten des Teufels." Doch es gibt kein Gemüse, nur brennende Steine und am Boden anliegende Stauden, die sich der unwirklichen Vegetation angepaßt haben. "Die Wüste lebt." M.s Lachen stockt. "Zabriskie Point", stöhnt er. Seine blutleeren Finger umklammern das Steuerrad. Der Tank - halbleer. Es empfehle sich, so der Reiseführer, mit gefülltem Tank durch das Death Valley zu fahren. Tankstellen sind rar. Auf diese Weise seien schon einige Menschen ums Leben gekommen.

23.55 Uhr, zwei Weltenreisende erreichen Zabriskie Point. Widersinnig: ein Parkplatz am Ende der Welt. M. steigt aus, ja springt hinaus - euphorisch. "Hier war es", sagt er und zeigt auf einen gewaltigen, vom Mond mit sprödem Licht beleuchteten Krater. "Hier fand die Orgie statt." Rundherum Dutzende von Kratern, allesamt gleich aussehend. M. schweigt minutenlang, ehrfürchtig, dann berührt er den ausgetrockneten Boden. Das Déjà-vu eines Altachtundsechzigers. Meine verdammten Augen brennen.
Ich kenne den Film nicht, will ihn nicht kennen. Ich will keine Filme mehr kennen, immer nur fahren.

Weiter. Einmal um die Welt, zweimal. Frauen tauchen aus den Mondkratern auf. Ich sehe sie genau. Sie stürzen sich auf mich. Alle mit Rucksäcken. Die Rache der Rucksacktouristinnen. Wer dekadent reist, den holen sie ein. Auch am Zabriskie Point. Regina, Winnie, Sylvia, Christine, Eva - alle haben mich davor gewarnt. Die vorderste packt mich. Blond, charmant, ich kenne sie, die Frau von Dr. Barnard, die Tochter von Walser, die Mutter von Mike Baum. Ein schrilles Lachen, jetzt berührt sie mich, greift nach mir. Sie stopft mich in ihren Rucksack. Quallendes Amerika. Schwarz vor den Augen. Alles schwarz, ein Zucken und dann Leere. Nichts, vielleicht 10 Minuten, vielleicht auch 20. Mein Gedächtnis löst sich auf, wird weich, zerreißt die Kopfhaut. Ich bin in Trance.

Irgendwann sagt die Silhouette neben mir: "Wir können gehen!" Es ist M. Ich greife zum Herz und spüre, wie es klopft. Die Stille wird unter-

brochen von einem Rattern, das immer lauter wird. Ein grüner Bus fährt vor, stellt sich auf dem überdimensionierten Parkplatz direkt neben unser Auto. Menschen steigen aus dem Gefährt: der Sprache nach Spanier oder Italiener. Der Fahrer bleibt sitzen. Ich sage: "Hi" - niemand antwortet. Man übersieht uns. Statt dessen: Eine der Touristinnen, eine Schwarzhaarige, beugt sich zu ihrem Begleiter und flüstert so etwas wie "Amore." Er lacht auf. Immer mehr und lauter. Angesichts der gewaltigen Szenerie ist dieses Lachen ein unbedeutender Furz.
„Nimm ein Aspirin", sagt M. beinahe väterlich. „Dann geht es wieder besser!" Ein wahrer Freund.

Stunden später. Las Vegas. Ein Leuchten und Blitzen am nächtlichen Himmel. Ein Irrsinn. Ein immerwährender Amoklauf. M. und ich fahren den Las Vegas Boulevard rauf und runter. Hotelsuche, vergeblich. Gegen 3.00 Uhr früh werden wir endlich fündig. Das Nevada Palace liegt außerhalb der Stadt.

Das Hotel ist alles, nur kein Palast. Die Wände stinken nach Urin, die Ventilatoren dröhnen wie Kraftwerke, der Lift ist defekt. Ein alter Mann reinigt den Hoteleingang. Zimmer 23. Lege mich auf das große, ausgeleierte Doppelbett. Ein Knirschen und Knarren. In der Schweiz ist früher Nachmittag. Ich greife zum Telephon. Ein fernes Klingeln, ein Surren in der Leitung. Einmal, zweimal, zwanzigmal. Anja ist nicht zu Hause. Genießt die wiedergefundene Freiheit. Dann auflegen, wieder wählen. Diesmal Silvia Affolter. Die schönste Frau des Landes, erfolgreich als Fernsehreporterin und Schauspielerin. In den Zeitungen omnipräsent, mehr als das Fernsehekel Frank Baumann, mehr als Kim Basinger oder mittlerweile der Schweizer Bundesrat Adolf Ogi. Der Weltenkampf der Prominenz: "Frau Affolter, wie feiern Sie Weihnachten?" "Frau Affolter, verreisen Sie im Sommer?" "Frau Affolter, wie gefällt Ihnen Martin Walser?"

Silvia freut sich über den Anruf. "Ich muß Dir was sagen"; die Leitung knattert: "Ich bekomme ein Kind. Du bist nach Siro, dem Vater, einer der ersten, der es erfährt!" Bin eine Minute sprachlos.

Merke, wie ich zittere. Welch Überraschung! “Gratulation!” stammle ich. Silvia ist toll, die Freude echt. Glückliches Amerika.
Zu guter Letzt rufe ich meine Mutter an. Las Vegas sei großartig, meint sie, vor allem die Imitation der Cheops-Pyramide. Vergangenes Jahr war sie da, ein Las-Vegas-Fan. Irgendwo über meinem Kopf im Nevada Palace rauscht Badewasser. Am Ende hat meine Mutter noch eine Neuigkeit: Silvia Affolter werde Mutter. Sie hätte es heute morgen im “Blick” gelesen.

Dienstag, 27. August

Wer in drei Wochen um den Globus reist, Kontinente und Länder abklappert, wird in Las Vegas verrückt.
Der überdosierte Weltenrausch, die Quadratur der Verrücktheiten. Wird zum Reisejunkie. Auf zwei, drei Quadratkilometern die gesamte Welt: das Casino von Monte Carlo, die Pyramide von Gizeh, das alte Rom und die Skyline von New York. Alles aus Plastik, stilgerecht und vielleicht noch perfekter als das Original.

Wozu um die Welt reisen, wenn es Las Vegas gibt? Doch dazwischen immer wieder Amerika den Amerikanern. Zweiarmig an einarmigen Banditen. Es schweißelt trotz der vielen Ventilatoren. M. und ich schlängeln uns an den zahlreichen Spielautomaten vorbei, Süchtige starren mit mattem Blick auf klingende Automaten.

Welcher Psychiater kann diese Normalität verarbeiten? Im Hotel The Mirage kommt es zum Knall. M. und ich beobachten die weißen Tiger von Siegfried und Roy, welche gelangweilt im Gehege hin- und herschlendern. Man schreit, winkt, photographiert und staunt, dahinter die wilden Tiere in apathischer Ruhe. “Siegfried und Roy are on holidays”, sagt die Wärterin, “in Germany.” Ihre Phantasieuniform macht sie stark. Die maskulinen Kesslerzwillinge im Urlaub auf Schloß Neuschwanstein. Die Tiger ernähren sich von Adlereiern und Alpenrosen.

M. ist genervt, aber ich bin noch genervter. M. wirft mir vor, ich sei mittlerweile abgestumpft und zynisch. Eine Anschuldigung, die ich von einem abgestumpften Zyniker nicht akzeptiere. Doch in Las Vegas Streit zu haben, ist unmöglich: Der Lärm, das Klingeln, das Rattern der Spielautomaten, all das verhindert eine verbale Schlacht. Um 16.00 Uhr in Caesar's Palace. Eine perfekte Nachbildung des alten Roms. Der Petersdom, das Kolloseum, die Cäsaren. Daneben: mailändische Modeboutiquen, eine italienische Cafeteria. Seelenlos, doch die Spaghetti schmecken besser als in Italien. Und inmitten von allem: der Trevi-Brunnen. Die berühmte Badeszene. Dolce Vita in Nevada.

M. und ich sitzen da, versöhnt, müde und ausgepumpt. Im Gleichklang zu "Azzuro" löffeln wir den Cappuccino, im Takt zu "Ti Amo" verspeisen wir die Pasta. Die ganze Welt als Disneyland? Nur die großbusige Bedienung mit überquellenden roten Lippen ist noch echt: "Oh, a lot of fun!" Las Vegas ist Funny-Land.

Um 16.30 Uhr bestellen wir den teuersten Champagner. Für Silvias Kind. Der teuerste Champagner ist ein Veuve Clicquot für 150 Dollar. Ein Prosit auf die Gemütlichkeit. Ein Prosit auf einen jungen Erdenbürger. Am Ende kostet es 450 Dollar. M. verweist protestierend auf die Getränkekarte: "Hier stand lediglich 150 Dollar." "Hier in Las Vegas", erklärt die Bedienung, "ist alles Illusion". Sogar die Preise. Nur das Lebensgefühl ist italienisch. M. legt 500 Dollar hin, der Rest Trinkgeld.

16.50 Uhr. Nun drehe ich endgültig durch. Laufe mit schnellem Gang zum Trevi-Brunnen. Hastig, überdreht. Vor mir das in Styropor gehauene Monument, das quellende Wasser. M. steht auf, rennt mir nach: "Halt Dich zurück!" Langsam steige ich auf den Brunnenrand, ein zaghafter Schritt ins Becken. Mit dem linken Fuß balanciere ich über einen Unterwasser-Scheinwerfer und hangle mich langsam zum Plastiksockel eines römischen Gottes. Vorsichtig, damit nichts abbricht. Ein paar Japaner bleiben am Brunnenrand stehen und zücken ihre Kameras. Zwischen zwei Plastikbeinen und drei Plastikarmen

schwebend, öffne ich den Mund und schreie: “I´m Marcello MASTROIANNI!”
Lange und gedehnt: “Maaarceeeello MAAAASTROOOOOOIANI!”

M. winkt wie ein Irrer von der Seite. Ich schreie zurück: “Mach besser ein Photo!” M. zieht die Pentax hervor, drückt ein-, zweimal ab, meine Füße versinken im Wasser. Wo ist Anita Ekberg? Die beiden Hilfssheriffs am Brunnenrand, breitschultrig und ihrem Auftritt kompromißlos, wissen es nicht. Ihre ausgestreckte Hand ist nicht nur ein Zeichen der Versöhnung. Eher die Forderung zurückzukommen. Ich schwanke über das Plastikbecken. Der Dickere der beiden drückt meinen Arm nach hinten. Schmerzhaft. Ich stöhne, wimmere. Er bleibt reaktionslos. Sein perverser Slang schmerzt in meinen Ohren: “Marcello Who?”

Las Vegas, 27.8

Lieber Martin,
Las Vegas macht verrückt. Die ganze Welt als Duplikat - nur perfekter und stilvoller als das Original. Alles vorhanden - nur der Bodensee fehlt. Liebe Grüße an die Familie,

Siegfried und Roy (Matthias und Manfred)

Kalifornien

Der Schreck sitzt tief und läßt sich nicht mehr erhöhen. Du kannst nicht, du darfst nicht, du sollst nicht aus der Südsee kommen und in die USA, ins Land der Fetten, geworfen werden. Fressen statt genießen, vollstopfen statt bewahren. Töten statt leben.
Hinrichten statt singen. Und darüber noch einen Film machen.

Die erste Meldung, die Gerrit noch auf dem Flug in einer amerikanischen Zeitung liest, verkündet, daß amerikanische Wissenschaftler kurz davor seien, einen Stoff zu finden, der die natürliche Fettbildung im Körper reduziert und dezimiert.
Wissen diese Forscher nicht, daß dies die endgültige Atombombe der Weltvernichtung ist? Dann können die Fettmonster aus dem gelobten Land ja unendlich in sich hineinstopfen, unendlich verdauen, unendlich vernichten!
Jetzt strafen sie sich noch (ein bißchen) mit Herzverfettung und mit Körperfülle und Häßlichkeit bis zum Erbrechen. Dann aber werden die Vielfraße auch noch schlank und unsichtbar! Sie brauchen noch nicht einmal mehr zu rauchen, um weniger zu essen. Sie stopfen die Welt in ihren Bauch hinein.
Gräßlich.

Die Meldung fällt Gerrit erst wieder ein, als er durch die Straßen von San Francisco läuft; übrigens, die einzige Stadt, wo man in Gottes eigenem Land überhaupt noch zu Fuß ein größeres Stück laufen kann. Sonst ist ein Spaziergänger, in Los Angeles etwa, sofort höchst verdächtig.

USA, das heißt: UnSägliche Angst.

Sie geben sich noch nicht einmal die Hand. Sie sind hygienisch, hysterisch.

Wer hat Angst vor dem schwarzen Mann: die Amerikaner. Und vor Zigaretten? Und vor Cholesterin?
Gerrit fällt ein Wort ein für diese Zusammenlebensform, die sich auf Fressen reduziert:

Die Verdauungsgesellschaft.

Es wird alles, Kunst, Geld, Tiere, Fische, Früchte, es wird alles reingestopftreingestopftreingestopft, mit Bitternis und Säure angereichert, durch den Dickdarm gedrückt und diskutiert und ausgeschieden in dieser urmenschlichen, braunen Einheitsform.

Kalifornien, dieses Traumland, wird für Gerrit und Gildo zunächst zum Horrortrip, sobald sie in die bewohnten Siedlungen kommen.
Und dann, überlegt Gerrit, soll die Welt sie eines Tages gar nicht mehr erkennen können, wenn diese unverschämten Wissenschaftler ihr Fettvertilgungspillenprogramm durchgezogen haben.

So wie Mann die einst schönen Flachbrüstigen heute nicht mehr erkennen kann, weil sie im Silicon Valley vorbeischauen, so wie man die Nazis nicht mehr erkennt, weil sie sich am Ballermann tarnen können, so wie man die Adligen nicht mehr erkennt, weil sie das gesunde Blut der Proletarier und des Bürgers in sich aufnehmen. Die englische Königskindermutter vergnügte sich mit einem gewöhnlichen reichen Ägypter, und die Fürstentöchter Monacos lassen sich von Fischhändlern und Bodyguards besteigen.
Auch das ist Amerika, die gute Seite von Amerika. Was hätte daraus werden können, wenn nicht immer mit einer sturen Sicherheit bei den weißen Dumpfbacken das niedrigste Niveau siegen würde.

Gerrit erregt sich. Schon auf den langen Wegen nach San Francisco ereifert sich Gerrit, noch mehr am nächsten Tag auf den noch längeren Wegen weg von San Francisco, die breite Interstate hinunter nach Fresno und Richtung Nevada, Stunde um Stunde bei gekühlter Innenluft, neben sich den rammdösigen Gildo, im Radio einen energischen faschistoiden Nachmittagsprediger, der nicht etwa ein allgemeines Diätprogramm, nicht etwa die Besteuerung von Kerosin, Benzin und Umweltgiften fordert, sondern in dem prüdesten Land der Erde - was sich am besten in den Jogging-Sex-Filmchen der Hotelvideos zeigt - auch noch mehr Moral, mehr Anstand, mehr Familie einklagt. Und nicht vergißt, alle zehn Minuten die Kontonummer seiner Kirche anzugeben.

Gerrit erregt sich. Über die Schilder am Fernstraßenrand, auf denen das Bewässern der kalifornischen Wüste verteidigt wird, „Californias farmers feed the country“, obwohl dies unverantwortliche Energiereserven und den Einsatz ausgebeuteter mexikanischer Billigarbeiter erfordert.

Gerrit erregt sich. Über die hohen Jeanspreise in Europa, wo doch hier die 501 von Levi's nicht einmal die Hälfte kostet, wenn man sie - wie Gildo und Gerrit auf ihrem Weg ins Spielerparadies es tun - in einem der Outletstores, mitten in die Landschaft geknallt, einkauft.

Gildo ist heilfroh, wenn er den Schlafenden spielen kann, damit er den folgenlosen Erregungen des Weltenquälers entgeht. „Klar sind sie fett“, sagt Gildo einmal schüchtern, „aber du frißt und säufst ja auch die ganze Zeit.”
Gerrit hatte sich gerade einen Hot dog spezial an einem Drive-in-Fenster geben lassen und ein kühles Sixpack von Budweiser gekauft.
Gildos Einwand wird auf einer Strecke von rund zweihundertfünfzig Meilen von Gerrit eindrucksvoll widerlegt.

Dann endlich fällt ihm ein, daß sie ja zu Zabriskie Point kommen werden, diesem geheimnisvollen Platz inmitten von Death Valley, der heißen Wüste Kaliforniens. Und ab diesem prallen Gedanken kann auch Gildo wieder in dem engen Auto aufatmen, denn das Thema Amerika und seine Sünden scheint erst einmal für Gerrit erledigt, und ein anderes, von beiden gleichermaßen begriffenes nimmt Raum im Auto: Geschlechterverkehr in der freien Natur!
Gerrit erzählt ab Bakersfield von Antonionis Film *Zabriskie Point*, den Gildo zwar nie gesehen hat, der ihm aber bald sympathisch wird, weil Gerrit versichert, am Zabriskie Point, da werden kopulierende Paare aus aller Welt - in memoriam dieses Filmes - zu finden sein.

Die Wege werden hinter Bakersfield nun wirklich seltsam einsam. Fast eine Stunde fahren sie schon, ohne ein anderes Auto zu sehen, und in den Reiseführern werden abenteuerliche Geschichten von unwissenden Reisenden kolportiert, die in der Abgelegenheit des Death Valley vermißt oder gar verdurstet, verwildert, erdrosselt aufgefunden wurden. Den mutigen Weltenwanderern wird's in der Hitze der beginnenden Abenddämmerung - sie fahren seit zehn Uhr morgens ununterbrochen - mulmig.

Endlich, bei der Einfahrt zum Death Valley Nationalpark, sehen sie etwas abseits der Straße ein abgestelltes Auto. Und siehe da, als seien die Worte des Höri-Gurus Gerrit doch ungeschriebene Gesetze der Welt, finden sie auf dem Kühler des Buicks ein in munterer Liebe beschäftigtes Paar. Gerrit fährt langsam, beide Spanner schauen begeistert, wie der füllige Mann die über den Buick-Kühler gelegte Frau von hinten in die Geheimnisse von Antonionis Zabriskie Point einführt. „Wahnsinn“, sagt Gildo, “das hätte ich nicht geglaubt, was du mir da erzählt hast, daß hier ständig gevögelt wird. Wenn ich zurück bin, muß ich mir den Film holen.“

Gerrit sonnt sich in dem prophetischen Erfolg, freut sich, daß tatsächlich in dem Land der reproduzierten Wirklichkeit noch ein - wahrscheinlich von italienischen Touristen inszeniertes - wahres Erleben Platz hat. Und er wird so geil, daß er unbedingt hofft, daß am wirklichen Zabriskie Point, inmitten des Toten Tals gelegen, zwei Italienerinnen auf dem weißen Kalkfelsen warten und ihnen Raum für die Lust geben.

Zwar sind dann wirklich noch einige Besucher in der Hitze des Abends an diesem außergewöhnlichen Kreidekreis der Lust, der durch einen Film zum Weltentreff geworden ist, aber keine griechischen oder italienischen Jungfrauen sind zu sehen; und nur solchen sollte es - wie Gerrit seinem Freund überzeugt erklärt - erlaubt sein, hier ihren ersten männlichen Orgasmus zu bekommen.
Die G+Gs steigen trotzdem über die weißen Kreidefelsen, von abendlicher Hitze begleitet statt von Jungfrauen, lassen sich über den Boden kugeln wie die Helden im Film, erleben die Strahlung des Orts, der eine intensive Lust und Erregung ausstrahlt.

Es gibt nur wenige Orte auf der Welt, die man gar in Quadratmetern messen kann, denen der einzelne Mensch eine spezielle Strahlung entlocken kann. Du kannst ganze Länder durchwaten, ohne daß ein Platz kommt, der dir Sinn oder Freude oder Erregung beschert. Und dann scheint etwas, oft an Orten, die zunächst gar keinen Sinn ergeben, dich wie ein Magnet anzuziehen und dir wie einem Rutenläufer Erkenntnis über die Lebensquelle zu bringen.

Gerrits Plätze sind bestimmt: das ist die Kathedrale von Santiago de Compostela, das ist die Kapelle Klingenzell, das ist ein Teefeld in Südindien, das ist die Kapelle von Bruder Klaus und der Stein von Sils-Maria. Und nun Zabriskie Point.

Diese wunderbare Theorie des griechischen und italienischen männlichen Mädchen-Orgasmus beschäftigt Gerrit dann noch

mehr als die Theorie der besonderen Punkts bis zur mitternächtlichen Ankunft in Las Vegas. Und dort, erschlagen von Lichtern, Leuchttürmen, Neonblitzen, Reproduktionen, Rattermaschinen, verstummt Gerrit endlich und spricht nicht mehr.
Zabriskie Point, zweieinhalb Fahrstunden bis Las Vegas; weiter als Bora Bora von Nußdorf.

Las Vegas

Zwei Männer sind in Europa. Gerrit und Gildo sprechen im Angesicht der in Stein gehauenen Schande, der betonierten Lüge, der Macht der Fälschung nur noch und intensiv und sich streitend und einigend und analysierend von Europa. Sie lernen Europa lieben, sie verstehen die Sehnsucht der Fälscher nach dem Original, sie wissen plötzlich, warum der entwurzelte Amerikaner nichts anderes in seinen Lebenstagen tun kann als zerstören, erfinden, vernetzen, vernichten.
Vor dem Trevi-Brunnen in Caesar's Palace trinken die Weltenwanderer den teuersten Veuve Clicquot ihrer ganzen Fahrt; nicht, weil sie in den Casinos gewonnen hätten, sondern weil ein neuer Europäer auf die Welt kommen soll, wie man aus der Heimat von einer Freundin erfahren hat, und weil man die Heimat dort trifft, wo die Heimat am weitesten entfernt scheint: im Postershop mit den Satellitenaufnahmen vom Bodensee.
Las Vegas kommt Gerrit vor wie eine Orgie der Gewalt gegen Geschmack und Würde, gegen Stolz und Eleganz. Eine Orgie der Gewalt von Macht und Geld und Bösem, leider zu schlecht, zu amerikanisch gefeiert, um wenigstens noch Stoff für einen Groschenroman von Walser abzugeben - wenn der mal Geld bräuchte, warum sollte der denn nicht mal schnell unter Pseudonym auch einen Groschenroman schreiben?

„Hier müßte unser Martin aber passen", sagt Gildo triumphierend, während er dem Freund zu Hause im balinesischen Restaurant des Mirage-Hotels eine Karte schreibt.

Gerrit verbringt alleine einen Tag im Hotelzimmer in dieser 24-Stunden-Stadt, verspielt dann früh abends 1000 $ beim Caribbean Poker in seinem Hotel, dem Treasure Island, geht wieder hinauf ins Zimmer und läßt sich eine kleine Flasche Jack Daniel's bringen, die nur knapp für die Nacht reicht und für den Morgen, und er muß sich auch nur einmal übergeben, als er hinunter schaut auf die Piratenshow vor seinem Fenster.
Am nächsten Morgen ißt er schon wieder cholesterinhaltige Spiegeleier easy over, verspielt noch einmal seine letzten 500 $, die er von der Kreditkarte ziehen kann, wartet ermattet und geschlagen auf Gildo, der das Mietauto aus der Tiefgarage holt, trottet hinter ihm her wie ein Schoßhündchen, setzt sich in das schon klimatisierte Auto.
Gildo will ihm von seinen Las-Vegas-Abenteuern berichten, die er am Vortag alleine überstanden hat in dem Mekka des Bösen, aber Gerrit kuschelt sich in den Lackledersitz und wartet auf den Abflug.
Man muß, denkt er noch, bevor er in einen traumlosen Autoschlaf versinkt, wirklich und wahrhaftig nicht alles gesehen haben, was der Mensch sich so antut.

Man sollte, denkt er ganz knapp vor dem rettenden Schlaf, verzichten lernen.

Man muß auch für das Namenlose keine Namen erkaufen, erobern, erleben. Aber schon zweifelt er.
Vielleicht ist es doch ein Fehler ...
An den Spieltischen standen schließlich ganz zierliche Mädchen.

Sei's drum ... laß Vegas!

Mittwoch, 28. August

Der Las-Vegas-Schock. Herzflattern, kotzig, Alpträume. Die Seele, meine Seele, ist in der Südsee geblieben: zwischen Waikiki und Ukulelen. 11.00 Uhr: Flucht aus dem verlogenen Paradies Richtung Los Angeles. M. verspielt zuvor 156 Dollar in der Eingangslobby des Mirage, ich mache einen Rundflug über den Grand Canyon. Kurz nach dem Start nicke ich ein. Irgendwann zwickt mich jemand in die Schulter, zeigt mit dem Zeigefinger auf das Fenster: unter uns ein großes, ein ganz großes Tal mit kleinem Fluß. Dann dämmere ich wieder ein. Es ist hoffnungslos.
Und nun knapp drei Stunden später bereits wieder in der Wüste. Hinter Las Vegas beginnt die Einöde. Die Reste des Himbeerkaugummis trotzen dem Fahrtwind an der Außenseite des Mietwagens. Im Radio quasselt unentwegt ein Prediger über blühende Landschaften. In der Wüste blüht nichts. Gar nichts. Die Straße verengt sich zu einem Punkt. Kaum bei diesem Punkt angekommen, verengt sie sich zu einem weiteren Punkt. Frage: Wer sind wir, woher kommen wir, wohin gehen wir? Antwort: Zwei Reisende, rund um die Welt auf dem Weg Richtung Ballermann. M. schweigt. "Er hatte das Gefühl, sein Kopf sei riesig. Alles an ihm glühte. Auf dem Weg zurück überholten ihn Wolken." (Brandung, S. 227)

"Die Welt", sage ich zu M., "ist ein Klischee. Auf Bora Bora spielen sie Ukulele, im Death Valley wird kopuliert, und auf Mallorca singen sie 'Sierra Madre'. Alles voraussehbar, alles planbar!" M. schweigt immer noch, bis sein Kopf, hochrot, zu explodieren droht: "Wenn das so ist, warum reist du überhaupt?" Wie recht er doch hat. Wie recht ich doch habe. Wenn der asiatische Bettelmönch nicht mehr bettelt, sondern mit Autos handelt, ist dies für den Westmenschen ein Betriebsunfall, ein Supergau. Bettelmönche haben zu betteln.
Die Straße verengt sich wieder zu einem Punkt.
Eine Stunde später Ankunft in L. A. Amerikanischer als Amerika, sagt M., Killerbanden überall, Jugendgangs mit Baseballschlägern. Echte Ballermänner. Noch gefährlicher als Kapstadt, Papeete oder Bangkok, meint M., wobei man Bangkok als gar nicht richtig gefährlich einstufen könne. In Beverly Hills ist es ruhig.

Das alte Ritual: M. bezieht seine Suite im Regent Beverly Wilshire, einem Luxuskasten direkt am Rodeo Drive. Der smarte PR-Direktor nimmt ihn bereits unter der Türe mit Beschlag: Hier hätten schon Michael Douglas und Helmut Kohl ihre Nächte verbracht, erklärt er. Die Mike Baums der Welt. Ich bin bescheidener: Das Summit Hotel ist ein kleines, aber schmuckes Haus, in welchem lediglich Starlets auf den großen Durchbruch warten.

Bereits die Hotelbedienstete bekommt einen seltsamen Glanz in die Augen, als ich ihr meine Visitenkarte reiche. Berufsbezeichnung: Television. Sie reckt ihren Körper nach vorne, säuselt leicht lispelnd über das Hoteldesk: "I'll be famous." Daß der Sender außerhalb von Hollywood liegt, übersieht sie. Während ich meine Personalien ausfülle, streichelt sie mit der linken Hand die meinige. Rein zufällig. Der Weg ist das Ziel: Beverly Hills als die IchwerdeberühmtStadt. Der Lebenssinn definiert sich über Bekanntheit: "Glauben Sie an Gott?" "Ja, denn er ist berühmter als ich!"

Die Hotelbedienstete sehe ich abends nochmals im englischen Pub unmittelbar beim Rodeo Drive. Ich winke ihr zu, sie winkt nicht zurück. Statt dessen streichelt sie die Hand eines graumelierten Mannes: "I'll be famous." Der Graumelierte protzt mit seiner ganzen Autorität und mustert sie mit ruhigem Blick. Vermutlich ein fucking Filmproduzent, ein geklonter Richard Gere. Produzent gegen Fernsehreporter. Chancenlos. Wieder ein Weltenkampf verloren. A fatal attraction, part two.

Donnerstag, 29. August

Der Hollywood Boulevard übertrifft alle Vorstellungen. Die Häuser sind echt, schmutzig und von all den Sehnsüchten und Träumen der Welt verunstaltet. M. und ich laufen den goldenen Sternen nach, die längst nicht mehr golden sind, eine Reise von John Wayne zu Greta Garbo, von Hildegard Knef zu Marilyn Monroe (und zurück). Drei Teenies feiern Michael Jacksons Geburtstag, das Poster ihres Idols an die brüchige Hauswand eines schmuddeligen Theaters geklebt. „Wenn die ganze Welt Ballermann ist“, sagt M., „ist unser Planet Planet Hollywood.“ Gegen Nachmittag in den Universal-Studios. Viele Leute, allesamt dick, drängeln sich an den Berufsschönen aus Karton und Pappe vorbei.

Es wird immer heißer: viel Feuer, viel Lärm, viel Amerika. E. T. zischt herum, BACK und vorwärts in die FUTURE. Der weiße Hai bäumt sich auf, erledigt, tot - aus Plastik. Ein leichtes Vibrieren erfaßt meinen Körper; ein Vibrieren, das sich zum Schüttelfrost steigert; immer schneller, immer rascher, ein Unwohlsein, ein alter Bekannter - das Las-Vegas-Phänomen meldet sich zurück. Der amerikanische Alptraum. Ich sage zu M.: “Ich fühle mich schlecht.” Er, vor einer der sinnlosen Filmattrappen stehend (ein Western-Saloon), versteht. Es gibt ein Leben vor Las Vegas und eines danach. Durch den unendlichen Straßendschungel fahren wir im Himbeerkaugummiauto nach Beverly Hills zurück. Das Schild “Hollywood” leuchtet schrill vom grünen Hügel.

17.10 Uhr. Stimmungswechsel. In der Lobby des Regent endlich ein Gruß von daheim. Der neueste Spiegel meldet „Kanzler Kohl am Ende.” Kein Indiz für Aktualität, aber immerhin Heimat. Lesend den Rodeo Drive hinauf. Vor dem Hotel eine tiefe Stimme: “Sind Sie nicht vom Fernsehen?” Ich nicke instinktiv, lächle kurz und sage “danke.” Nicht “ja”, sondern “danke.” Der Fernsehmitarbeiterreflex. Das Soll erfüllt.
In Beverly Hills, der IchwerdeberühmtStadt, erkannt zu werden, gibt dem Leben einen Sinn.

Christian Hauser kommt aus Zürich, ist gutgekleidet und braungebrannt. Vertreter einer Urheberrechtsgesellschaft für Komponisten. Im Weltenkampf der Tantiemen. Er hatte soeben ein Meeting mit einem Komponisten, der vor Jahren die Eröffnungsmelodie einer deutschen Fernsehsendung kreierte. "Gibt es die Sendung eigentlich noch?" hatte sich dieser erkundigt. Lange keine Tantiemen mehr erhalten. Christian wischt sich den Schweiß von der Stirn. Ja, habe er dem Komponisten gesagt, die Fernsehsendung "Wetten daß?" gebe es noch.

Am nächsten Tag will mir Christian das wahre Amerika zeigen. Das Wohnhaus von O. J. Simpson. Der American dream schlechthin. Der Beweis, "daß Hollywood die Ticks und Manieren der wirklichen Gangster in Filmen imitierte und daß dann die wirklichen Gangster die Gangsterfilme mit größtem Vergnügen angeschaut und die Ticks und Manieren der Schauspieler kopiert haben." (Ohne einander, S. 19).

Los Angeles, 29.8.

Lieber Martin,
Hollywood tut gut.
Wir sitzen in einem italienischen Restaurant, was ein bißchen Heimweh verrät.
Der See, der See. Eine Ruderbootfahrt wäre jetzt schön. Gruß auch an Deine liebe Frau.
Matthias + Manfred

Beverly Hills

Tod und Verderben lauern rings herum, und die Luft kann man auch nicht im großen Stil filtern, aber das Orchester spielt auf dünnem Eis trotzdem seine Trancemusik. DJ Madness legt im Viper Room auf, wo unlängst Johnny den Depp gespielt haben soll, und Gerrit kommt in Europa an, wenn er das Regent Beverly Wilshire betritt; englischer Glanz und fast schon ein wenig Geschichte. Die Leidenszeit Kalifornien geht zu Ende, und Geschmack, Gefühl und Mode kehren zurück.

Es ist nur eine kleine Ecke keines großen Landes.

Gerrit will vögeln, und zwar subito, nur - er befindet sich im prüdesten Land der Erde, wo sie die Titten vom Playboy unter den Ladentisch verbannt haben.
Klar, nur wenige Kilometer vom Beverly-Hügel entfernt soll irgendwo das größte Pornostudio der Erde liegen, aber Gerrit will ja nicht Leinwandstar werden mit seinem Durchschnittspenis, er will einfach weiche Mädchenhaut.

Ja, es scheint ihm sogar egal, ob es eine Amerikanerin ist, auch wenn er schon einmal ein Jogging-Mädchen aus den Staaten hatte und diese mit ihrem Aerobickörper ihn reichlich nervte. Gerrit mußte sich, kaum ausgezogen, unter die Bettdecke verkriechen, weil er sich seines nur unzureichend trainierten Körpers schämte. Er nahm sie unter der Decke von hinten, gelangweilt, in einem Stundenhotel in Barcelona. Gerrit erinnert sich in dem mit antiken Möbeln ausgestatteten Luxushotel daran, würde die Erinnerung auch zu einem Erfolg führen, aber etwas in ihm sagt, daß er statt der realen Phantasie die phantastische Realität suchen soll. So lenkt er sich, noch auf dem Bett liegend und erigiert, ab, indem er die Vorteile des Überstaates USA sucht. Nichts, außer Geschirr spülen, ist unerotischer als die Theorie der Politik. Bald ist er wieder schlaff.
Immerhin mag er das Schweinchenrosa der amerikanischen

Haut ganz gerne, diese ungesunde, aber so jungfräuliche Färbung, wie sie nach dem hundertsten Cheeseburger und dem fünfhundertsten Cherry Coke nun einmal eintritt.
Durchtrainiert sind die jungen Dinger hier dazu, und die meisten wollen doch sowieso Cindy Crawford oder Kim Basinger, und wie die Schlampen alle heißen, nacheifern; also, irgendwas wird doch auf dem weißen Hügel abgehen?

Der kommunikative Zufall wird ihn sicher nicht im Stich lassen. Das ist ein Menschengesetz, und wer sich diesem öffnet, der braucht in der Regel nicht in weißen Hotellaken alleine liegen. Keine Nacht, niemals.

Um sich erinnern zu können, muß man erst einmal Erinnerungswertes zu erleben trachten. Auch das ist ein Menschengesetz.

Gildo ist für die drei Tage in einem nahen Hotel am Rodeo Drive abgestiegen.
Den Weg zwischen den beiden Hotels - hier die Luxusherberge der Bewunderten, dort die Absteige der Bewundernden - säumt eine Parade von Cafés und Boutiquen und Wertschöpfungshallen und Markennamen und Restaurantketten und Restaurants; wenn Gerrit diesen Weg das erste Mal abläuft, ahnt er, daß seine Ahnung richtig ist: Er wird nicht alleine bleiben müssen. Zu viele der suchenden, unkritischen Augenblicke schöner Mädchen treffen ihn auf dem kurzen Weg; Blicke der Hoffnung und des Glaubens, durch einen Dornröschenkuß aus der eigenen Anonymität erlöst und hinübergeführt zu den Bewunderten zu werden.

Das ist ja eine der wahren Schwächen junger Frauen; daß sie sich in dem Glauben der Männerillustrierten Marie Claire, Cosmopolitan, Elle, Vogue, und wie sie immer sich nennen, schmieren lassen und wahrhaftig meinen, durch den Fick mit einem Pseudobedeutenden ein Stückchen, dessen Pseudobe-

deutung bekommen zu können. Wenn es nicht gerade Mick Jagger ist, klappt das nie, Fräuleins, aber solange ihr es glauben wollt, werden die Gerrits und Gildos der Welt immer Brosamen davon abbekommen.
In Beverly Hills, vom Tische der gefeierten Idioten dieser runden Erde, unbedingt, da ist Gerrit jetzt absolut sicher.

Die Schärfe der Gedanken, wie sie Gerrit nur in Gottes eigenem Land eigen sind, beeindruckt ihn selbst tief; Gildo weniger: Der ist beeindruckt von dem realen Erleben, das ihm am zweiten Tag am Frühstückstisch in seinem Hotel widerfahren ist. Ein ihm unbekannter, stattlicher Herr trat an seinen Tisch, strahlte ihn an und sprach: Sind Sie nicht ...; ja, er wurde inmitten des Hollywoodhügels als einer der Abgebildeten dieser Welt erkannt, und sei es auch nur, weil der Erkenner aus der Stadt von Gildo kommt und dort eben regelmäßig das Lokalfernsehen schaut, bei dem Gildo seine Reportagen abgibt.

So wird der anonyme Weltennörgler plötzlich zum bewunderten Star, und er selbst fühlt in sich eine Leichtigkeit, die er Gerrit gerne mitteilt.

Zusammen mit Victor, dem Schweizer Tantiemeneintreiber, der hier in Los Angeles darüber wacht, daß Schweizer Musikschaffende auch ihren Anteil an Tantiemen von Filmmusiken bekommen und der wie ein Bumerang zwischen L. A. und Zürich hin und her jettet und Tag um Tag daran denkt, ob auch die Schweizer Musiker wirklich ausreichend bezahlt werden, wenn in einem Film Tonkompositionen auftauchen, die ein braver Schweizer Musikmann sich erdachte. Und es gibt erstaunlich viele Schweizer Filmmusikkomponisten, wie Victor glaubhaft versichert. Da gehe es um eine Menge “Stutz”, was der schweizerische Ausdruck für Kohle ist.

Stutzjäger Victor kennt viele Stellen, wo man als Weltenreisender in und um Beverly Hills gewesen sein muß.

Gerrit denkt während der unvermeidlichen mittäglichen Rundfahrt zwar penetrant an schweinchenrosafarbene Amerikanerinnenhaut, hört aber die heftigen Gespräche von Gildo und Victor, in Schweizerdeutsch geführt, gehorsam mit.

Ah, da ist das Haus von O. J. Simpson, ach, dort wohnte Elvis Presley, nein, hier also lebt Thomas Gottschalk ... Sie speisen später im Musso Frank Grill am Hollywood Boulevard, weil dort schon Brecht und Zuckmayer und Thomas Mann gegessen haben. Gerrit übernimmt die Rechnung auf seine Kreditkarte, weil die Schweizer weder Brecht noch Zuckmayer noch Mann kennen müssen und Musso Frank sein Wunsch war. Victor und Gildo bedanken sich mit einem "Merci vielmols."

Immerhin kommen die beiden Weltenwanderer abends, dank Victor, in einen verborgenen Club in der Melrose Avenue, und an der Bar dort stehen genügend Möglichkeiten, um Gerrits mittägliche Unterbrechung im Hotelbett sinnvoll erscheinen zu lassen.
Und weil es ein wenig exotischer ist, als immer nur an schweinchenrosa Fleisch zu denken und zu knabbern, konzentriert sich der Suchende auf eine braunhäutige Schöne, eine Mulattin, die mit zwei anderen Mädchenfrauen an der Bar steht und ihn freundlich anlächelt, als er sie wie aus Versehen anstößt.
Oh sorry, sagt Gerrit, läßt seine Schweizer Freunde über die Notwendigkeit der optimalen Geldeintreibung bei Filmmusikschaffenden plaudern und flirtet mit Cindy, die aus Houston/Texas kommt, Actress ist, natürlich, und schon mal eine Rolle als Freundin der Freundin des Sohns von Al Bundy - den kennt ihr doch in Germany also - hatte, überhaupt, sich nicht beklagen kann, it's great here, in Los Angeles, meint sie, very powerful city, nice people here, everybody so friendly, it's just great, oh, I love Europe.

War sie schon mal da? No, aber die Leute sind so friendly, the Europeans, are you travelling in Los Angeles?

Erst will Gerrit die Geschichte seiner Weltreise erzählen, aber er hat ja viel zu wenig Zeit, um noch einen weiteren Abend investieren zu können. Sehr schnell, sehr unmerklich schaut er sich seine Angestoßene an. Ein feines Gesicht, eine Nase wie Michael Jackson - erst später wird er den leichten Schnitt sehen, der die Nase formte - eine wunderbar reine Haut, hellbraune Augen, eine Überraschung, die schwarzen Haare gezähmt und im Stil der zwanziger Jahre halslang angepeppt, die unter einem schwarzen Sweatshirt klar hervorgehobenen Brüste, die Taille, die Körperform unter den engstmöglichen Jeans von Levi's. Alles innert Sekundenbruchteilen noch einmal rekapituliert, weil Gerrit ja schon zuvor die Mädchenfrauen an der Bar einzeln geschätzt hatte. Ooh, sagt Gerrit, we working for European licence groups, you know, we look for a new kind of staff ... etc., irgend einen Schwachsinn redend, ihn der Filmindustrie zuordnend, aber nichts Genaues weiß man nicht, wichtig auf jeden Fall und Insider natürlich.

Er lädt Cindy zu einem Caipirinha ein, drängt sie ein wenig auf die Seite, weg von ihren zwei und seinen zwei Begleitern, aber nicht sehr, nicht brutal bestimmend. Gerrit spricht in zumeist unverständlichem Englisch über Al Bundy, die Filmserie und die Wirkung auf die Gesellschaft natürlich, bis er merkt, daß dies nicht der Hammer einer Konversation mit einer Actress aus L. A. ist, also versucht er zu reden über Rassismus, ein fast tödliches Thema, wie er erschreckt feststellt, zumal er den Ton nicht findet, nicht finden kann als Europäer, als Deutscher, wie alle latent rassistisch und deshalb so hohl liberal schwafelnd und anklagend gleich und warum denn in allen Al Bundy mindestens ein Schwarzer auftritt.

Zum Glück ist sein Englisch so schlecht und der Caipirinha so stark, daß Cindy nur unzureichend den Sinn der Worte begreift; er kehrt zurück, sie zu fragen, ob die Schauspielerei denn genügend Geld abwirft zum Überleben. „Oh, it's not so easy", sagt sie, sie jobbe auch noch in einem Nachtlokal. Was genau, will er

schon fragen, aber dann besinnt er sich, und die anderen beiden wollen aufbrechen.
Wir gehen noch in den Viper Room, sagt der Lizenzengeldeintreiber Victor, und Cindy hört den Namen des Lokals und fragt: Kommt ihr da rein?
Sure, sure, versichert der Schweizer, kommst du mit?
Die Freundinnen von Cindy haben Gesprächspartner, und Cindy sagt nicht nein.

Und so gehen die vier in den prominentesten Nachtclub von L. A., und Gildos Bekannter lügt nicht: Er kennt wirklich die zwei Türsteher scheinbar so gut, daß er ihnen nur zwanzig Dollar zum Autoparken in die Hand drücken muß, und schon sind sie drin. Cindy wird ganz nervös und euphorisch, sie klemmt sich fest an Gerrits Arm und flüstert ihm Namen und Titel ins Ohr, was der oder jener dort gemacht haben; das Lokal ist dabei höchstens zwei Drittel voll, aber scheinbar hat jeder hier drin schon mal einen Film gemacht oder mitgemacht oder Lizenzen kassiert.

Es sind diese gefeilten Megamediengesichter, die zu unterscheiden Gerrits Sache nicht ist, und so prasseln die Namen an ihm ab, und er ist demzufolge kein bißchen erstaunt.

Eher schon darüber, daß sich diese schwarzweiße Schöne jetzt so aufführt, wie er es aus amerikanischen Serien von schwarzweißen Schönen kennt: mit Augenaufschlag, wouh schreiend, oh-really-rufend (obwohl er gar nichts gesagt hat) und oberlässig an der Bar und sich später in einem Sessel fläzend. Sie bestellen noch einmal Alkohol. Gerrit geht mit Victor zur Toilette, ganz in weiß gehalten.

Zurück im lauten Lokal, verwünscht er die Musik, das Geschwätz, überlegt, geil, wie er schnellstens in seine Hütte kommt.

Er wird jetzt auch nervös, unruhig; Cindy hat es wohl mitbekommen, aber es erstaunt sie nicht. Get a cool kick? fragt sie. Gerrit grinst blöd und breit. It's o.k., sagt Cindy, um anzudeuten, daß sie verstanden hat, daß er selbst nichts hat und ihr nichts geben kann. Kurz darauf geht sie auch auf die Toilette.

Der zweite Wodka Lemon, die dritte Zigarette dämpfen Gerrit etwas, und es geht auf die vier Uhr zu und auf die Frage, wer mit wem und wie rauskommen.

Schließlich fährt sie der aufgekratzte Lizenzengeldeintreiber zurück, Cindy steigt vor dem Beverly Hills Hotel mit aus, wie selbstverständlich, sagt, "oh, that´s a nice hotel" ... sie kennt es wahrscheinlich ... und Gerrit lädt sie auf einen last wine ins Zimmer ein. Die Lobby, eine englisch eingerichtete Halle mit einer diskreten Rezeption, ist leer um diese Zeit, und der Nachtrezeptionist schaut nicht auf. Sie gehen in sein antikes Zimmer, mit Blick auf den Rodeo Drive, Cindy schaut hinaus, und Gerrit stellt sich hinter sie, damit sie seine weiße Kraft spürt. Er kaut ihren Nacken und knetet unbeholfen ihre prallen Backen. Er denkt noch, daß sich das ja reimt, dann läßt er los, geht zur Minibar, holt Getränke und vögelt später pflichtbewußt ordentlich, phantasievoll und gelangweilt.

Es bleiben nur das Bild der braunen Haut auf dem weißen Laken und eine unbekannte tiefe Röte des Inneren ihres Geschlechtsteils. Am Morgen gibt er Cindy hundert Dollar für das Taxi; er könne leider nicht mitkommen, er habe ein wichtiges Gespräch wegen Lizenzen, "you know, aber gib mir deine Nummer, vielleicht kann ich was tun, wenn wir produzieren", sagt Gerrit und lügt.

Cindy Beverly Hills, Cindy California, Cindy Amerika.

Und immerhin keine reine Wiederholung, denn die erste US-Amerikanerin war ja rein rosa, und Cindy hatte herrliche karibische Farbe und aufrechte, ungeschönte Brüste und ein nie erlebtes Rot in ihrem Geschlecht. So hast du also nicht gesündigt, Gerrit, und kannst getröstet weiterreisen, endlich nach Hause gehen.

Er trifft sich zum letzten amerikanischen Frühstück mit Gildo in dessen Hotel, läuft die Meile entlang mit den Benetton-, Versace-, Calvin-Klein-, Strukture-Geschäften, geht ins Café und als Gildo fragt, hat es geklappt? sagt Gerrit, nein, sie ist gleich mit dem Taxi nach Hause gefahren.

Beneidet hätte ihn Gildo sowieso nicht, er steht nicht auf farbige Haut, er kennt nur den klaren Teint des deutschen Ruhrgebiets oder der norddeutschen Tiefebene.

Freitag, 30. August

Letzter Tag in Amerika. Decken uns mit Medikamenten ein: Aspirin, Alka Seltzer, Vitamine. Wer fett ist, sagt M., braucht auch mehr Vitamine. Wie wahr. Um 15.00 Uhr Hotellobby. Christian Hauser wirkt leicht gestreßt, verschwitzt. Führte soeben wieder ein sinnloses Gespräch mit einem Komponisten, dessen Filmmusik aber niemand kennt. Trotzdem ist Christian optimistisch - hollywoodoptimistisch. Im Beverly-Hills-Hotel treffe man immer wieder bekannte Schauspieler, erzählt Christian, die in bekannten Filmen auftreten. Die Namen sind mir fremd, vermutlich Statisten. Trotzdem nicke ich bewundernd und sage laut: "Oh."

Überhaupt ist Beverly Hills das "Oh"-Land. Immer und zu allem ein bewunderndes "Oh." Um 15.15 Uhr Aufbruch zur O. J. Simpson-Gedächtnistour. "Oh O. J." Kein langes O. Das O wird kurz abgesetzt, bevor die Stimme zum entscheidenden "O-Tscheihhh" ansetzt. Ali, der Chauffeur, ist Iraner. Ein netter Mann, lebte irgendwann am Bodensee und liebt Swiss chocolate. Am liebsten jene, die als Goldbarren verpackt wird. Für einen kurzen Moment fühle man sich so wohlhabend wie O. J.

Unsere Tour führt quer durch Beverly Hills. "Hier wohnt Arnold Schwarzenegger", sagt Ali. "Oh", antwortet Christian. "And here, Julio Iglesias." "Oh." Außer einer Hausmauer, die sich hinter Sträuchern und Bäumen versteckt, ist nichts zu sehen. Nicht einmal ein Haus oder ein Swimmingpool. Das Mordhaus 875 S. Bundy hingegen ist beinahe besucherfreundlich. Ein großes Gittertor zum Durchschauen. Doch Ali weigert sich anzuhalten und verweist auf ein großes, unüberschaubares Verbotsschild: "Große Strafe!" sagt er.
"Oh." Minimum 500 Dollar Buße. Wir kurven ein-, zweimal um das Haus, hoffend, hinter dem Gitter Handschuhe oder Fußabdrücke zu entdecken. Nichts. Gar nichts. Kaum ist das Mordhaus im Blickfeld, drückt Ali wieder auf das Gas. "Dangerous", sagt er. "Oh", antwortet Christian vom Rücksitz. Ali wiederholt: "Dangerous." Christian will wissen, was "dangerous" sei. Ali schweigt.

Gefahren seien zweitrangig, würde Mike Baum sagen, wenn man sein Boot kenne. Denn wer sein Boot kenne, erkenne auch die Tücken der Natur. Und überhaupt: Natur kennen sei wichtiger als Menschenkennen. Beim Wasserskifahren sind zum Beispiel die kleinen Wellen am gefährlichsten. Wenn man mit bloßen Füßen über das Wasser presche, könne man daran hängenbleiben. Wie an einem Randstein. Bei einem Genickbruch nütze auch eine Schwimmweste nicht mehr viel. Entscheidender hingegen sei die Halskrause. Eine Halskrause könne Leben retten.
Aller Logik zum Trotz: seine Freundinnen tragen weiterhin Schwimmwesten.

Ali drückt auf das Gas. Überhaupt sei diese O.-J.-Simpson-Hysterie pervers, murmelt er. Und dann sprudelt es aus ihm raus: Der arme Kerl sei doch unschuldig. Ein Opfer des FBI. Wie zuvor Martin Luther King oder Mike Tyson, diesem habe die Bundespolizei eine Schönheitskönigin ins Bett gelegt. Eine riesige Verschwörung, ein Weltenkrieg der Rassen. Schwarz gegen Weiß. Ali kommt ins Schwitzen, während die Limousine durch die noblen Viertel von L. A. gleitet. Zum Wohnhaus von O. J. Christian lehnt sich zurück. "Aber der Handschuh", versteift er sich, "der Handschuh im Garten gehörte doch O. J.!"

Nach der Mordtat wurde er in dessen Garten gefunden. "Der Handschuh, der Handschuh," imitiert Ali, "alles Manipulation." Dann bittet er uns, auf die Uhr zu schauen. "Diesen Weg", sagt Ali, "vom Mord- zu seinem Wohnhaus hätte O. J. nach dem Doppelmord zurücklegen müssen. Und erst noch bei Feierabendverkehr. Und wir" - sein Blick triumphierend - "sind nun fast schon 30 Minuten unterwegs. Immer noch im Auto. Immer noch dieselbe Straße."

Gegen 16.10 Uhr bei O. J. Zwitschernde Vögel. Ali fährt langsamer, prüft konzentriert die Villen auf der linken Seite. "Here", sagt er, den Kopf zum Fenster hinausstreckend, um sogleich wieder zu dementieren: "Oh, no. Here." Beim Haus 360 N. Rockingham Ave. ist er sicher. Triumphierend: "Here." Christian: "Oh!"

Durch das eiserne Gitter ist ein Gebäude sichtbar, dessen Fensterläden geschlossen sind. Auf dem Vorplatz ein Basketballkorb. Alles ruhig. Christian zückt seine Kamera, drückt ab. Ich nehme die Pentax, drücke auch ab. Ali läßt sich nicht fotografieren. Plötzlich ein greller Pfiff. Langsam auf- und abebbend. Laut und leise.
Ali rennt zum Auto, Christian verunsichert: O. J.s Warnanlage! "Wir müssen fort!" schreit Ali durch die halbgeöffnete Türe. Ich renne zum Auto und lasse mich ins weiße Polster fallen. Es ist 16.52 Uhr. "All people like O. J.", sagt Ali, während die Limousine in die Straße sticht. Mein Blutdruck steigt. Ein weiterer Blick auf die Uhr. "Das Flugzeug nach Mallorca wartet!" Ali versteht.

Flug zum Ballermann

Die große, die endlose Traurigkeit kommt beim Einsteigen in das europäische Flugzeug am Himmelshafen von Los Angeles.

Das ist sie also gewesen, die Welt, das also sollte alles sein? Das blaßbraune Fleisch von Cindy, das rehbraune von Honigblüte, das nobelweiße von Emalie Kapstadt, das gelbfleckige von Monica ..., das also sollte die ganze Welt sein?

Die immer gleichen Geschäfte in immer gleichen Städten und Hügeln und Bergen und Menschenhäusern und einem brutalen Leck an Ideen.

So darf keiner durchschreiten das Ganze, die Schöpfung, empfand Gerrit ganz stark, *so bleiben wir zu Hause am besten immerdar, am See vielleicht, wo Martin doch nicht umsonst sitzt und schreibt und sitzt und schreibt ...*, Gildo hatte Gerrit auf dem Weg zum Flughafen erzählt, sein persönliches Lieblingsstück von Martin sei „Vormittag eines Schriftstellers", und Gerrit mochte nicht glauben, daß ein Schriftsteller über seinen Vormittag schriftstellert, aber Gildo schwor es.

Ja, so möchte sie sein, diese Welt, als Beschreibung eines Vormittags durch alle, durch Lisbeth oder Monica oder Malcolm oder den Drogendealer, der verbrannt ist zu Anfang der Fahrt, der sinnlosen, der wüsten, bei Champagner, der verbrannt ist, weil er nicht in das Muttersöhnchendasein unserer Oasen paßt. Und die Genugtuung, daß er verbrannt ist, stieg damals deutlich auch in dem zeitungslesenden, immer informierten, häßlichen Gerrit auf. Jawohl, der verbrennt wohl, dieser Mistkerl, dieser Weltenstörer, dieser schwarze Bastard.
Nehmen wir uns ein Vorbild an dem braven Nelson Mandela, gefälligst!, an Deng Xiaoping und all den anderen Schülern amerikanischer Universitäten, die gelernt haben, Hamburger mit den Fingern und nicht mit Stäbchen zu essen.

Ein dreifaches Bravo dieser Bildungselite, die alle beeinflussen. Und ein Pfui an die Dealer von Drogen, Mädchen und Gewalt, ein dreifaches Pfui!

Gerrit fraß auf dem Flughafen von Los Angeles zum Abschied von den USA einen Hot dog mit allem, also mit giftgrüner Soße, mit Senf, mit Heinz-Ketchup, mit Zwiebeln aus den bewässerten Wüsten von Arizona. Ein Hot dog extra dick, mit rotem totem Fleisch und Echtdarm und Aromastoffen aus Rinderaugen und Milzlebergepökeltem. Und die in eine Flaggenschürze gehüllte Hot-dog-Verkäuferin, die dazu eine Cola light in einer Plastikbehausung ausschenken muß, findet diese Bestellung keine Sekunde auch nur merkwürdig. Der große rote Hot dog mit allem kostet $ 2.99 plus Cola light für 99 Cents.

Gerrit hat viel zu wenig gelernt und auch zu wenig Zeit, um den Hot dog vor dem Einsteigen in die Maschine mit dem Schweizerkreuz wieder loszuwerden im Klo des Weltflughafens. Er nimmt ihn mit, seinen Hot dog, im Magen an Bord der Flugmaschine, und er wurde eben traurig, so einmalig traurig, daß - wenn die Möglichkeiten bestanden hätten - er sich aus jeder Höhe aus jedem Flugzeug gestürzt hätte und dies keine Sekunde - auch später nicht - bereuen müßte.

Er scheint einen letzten phantastischen Rausch, das Ende aller Abenteuer zu erleben; nichts mehr wird möglich, alles nur noch eine Reproduktion der Reproduktion.

Der Rittergang zur Befreiung Jerusalems - vorbei.
Die Schlammschlacht zur Verkündigung bei den Heiden - vorbei.
Der Ideenkampf zur Vernichtung der Kommunisten - gelaufen.

Paulaner Brauhäuser und Nike-Schuhgeschäfte sind vor allen schon da gewesen. Die letzten Winkel der Erde, inmitten von Afrika vielleicht, kennen hungrige Kinder mit einer Baseballmütze drauf: Darauf steht in weißen Lettern: ADIDAS.

Die Welt macht mir ganz schön Sorgen ... denkt Gerrit noch nonchalant, bevor er den dritten Jack-Daniel's-Whiskey hinunterstürzt, sich im Ledersessel krümmt, der letzten Versuchung einer Idee entgegen.
Er schläft nicht, aber er ist auch nicht wach, und er redet nicht, bis sie zwölf Stunden später in Zürich angekommen sind.
Etwas in ihm sagt, er solle nie mehr reden, aber dafür scheint Plappermäulchen Gerrit dann doch zu schwach. Es menschelt.

Auf dem Flug von Zürich nach Barcelona - es wird Nacht in Europa an einem Septembertag - und später von Barcelona nach Palma de Mallorca erzählt Gildo von seinem Leseabenteuer *Seelenarbeit* zwischen Los Angeles und Zürich und von dem Fahrer, der dort im Buch von Martin herumfährt und furzen muß, aber wegen seines Chefs es nicht tut und besonders leidet in Darmstadt und Pforzheim.
Ja, da lacht unser Gerrit wieder herzlich.

Willkommen daheim. Wieder daheim.

Samstag, 31. August

Wieder daheim. 23.25 Uhr Flughafentoilette Palma de Mallorca. Ich ziehe mir das T-Shirt mit der Aufschrift "Wieder daheim" über. Die Maschine Iberia IB 1738 kam vor wenigen Minuten aus Barcelona. Von Barcelona eine weitere Karte für Martin Walser. Unfrankiert - aus Zeitgründen.

Barcelona, 31.8.

Lieber Martin,
viel Gaudi in Barcelona. Barcelona würde Dir, Deiner Frau und Deinen Kindern gut gefallen. Kunst, Kultur - und auch die Literatur (!) boomen.

Mit vielen Grüßen,
Matthias + Manfred

"Wer in Singen ist, muß sich auf Radolfzell gefaßt machen." (Das Schwanenhaus, S. 121). Wer von L. A. zum Ballermann fliegt, muß sich auf den Flughafen von Palma gefaßt machen. Die indogermanische Touristenmenge drängt sich zum Abfertigungsband. Das Indo ist in der Minderheit. Eine dicke Frankfurterin drängt sich nach vorne. Schweiß. Die laue Sommernacht verdorben. M. riecht nichts. Der Bora-Bora-Schnupfen als Schutzwall gegen unangenehme Gerüche. Ein Geruchslimes. Auf der Flugtafel vier Inlandsflüge und ein Auslandsflug: FS 8604 Frankfurt, LT 7792 Stuttgart, IB 5535 Frankfurt, FS 8604 Nürnberg und IB 1738 Barcelona. Statt Hamburg steht Hamburgo. Sprachenkosmetik.

Minuten später. Das Taxi rollt von Palma am Meer entlang. Palma ist schön. Oder was man unter schön versteht: Der Dom, prachtvoll beleuchtet, hebt sich vom Sternenhimmel ab. Doch unser Ziel ist ein anderes: Ballermann 6. Eine Weltenoase der Glückseligkeit, das Paradies der unentwegt Fröhlichen und Schunkelnden! Der Chauffeur öffnet das Autofenster. Ein Moment der Ruhe. Mediterrane Nacht dringt ein.

Ein leises Geräusch, das allmählich zu einem Tornado anschwillt, hundert-, tausendfach. Immer lauter, immer eindringlicher. Wir nähern uns der Schinkenstraße. Bei der "goldenen Mitte" ein millionenfaches "Sierra, Sierra Madre!" Teutonische Arme recken sich im Gleichtakt zum Himmel. Bierbäuche quellen im Rhythmus. "Wenn der Schäfer sein Abendlied hört ... und von der Sierra der Geier steigt ..." Oder so ähnlich. Ich starre hinaus, klammere mich am Polster fest, verbeiße mich ins Leder. Nicht anders zu erwarten. Die Erde ist rund, und der Ballermann singt "Sierra Madre." Auf Mallorca ist Verlaß. Das Taxi hält vor dem Hotel Riu Bravo. Sprachprobleme kennt man hier nicht. Man spricht deutsch. Mitternacht in El Arenal.

El Arenal liegt außerhalb Palmas, direkt am Meer. Eine deutsche Kohl-onie. Das geographische Zentrum ist die Bier- und Schinkenstraße. Die Ideologie: Bier trinken, Hähnchen braten, Lieder singen. Das Multikulturellste ist die Pizza Margherita. Die ganze Strandmeile entlang verschiedene Strandhäuschen, sogenannte "Balnearios." Balneario 1, Balneario 2, Balneario 3 ... Aus Balneario 6 wurde Ballermann 6. Eine erfolgreiche Mutation. Seither ist El Arenal der südlichste Teil des Ruhrpotts. Recklinghausen-Süd.

Doch El Arenal ist heute nicht mehr El Arenal, sondern schlicht: Ballermann.

Am Ziel: fünf Kontinente, 80 Flugstunden, Ballermann. Der sechste Kontinent. Der Kopf hämmert, der Mond strahlt. Langsam die Strandpromenade hinunter, singende Deutsche, laut grölend: "Auf Mallorca sind alle gleich!" Da lacht des Jungsozialisten Herz!

Bei der Kneipe Ballermann 6 hingegen absolute Ruhe. Die Strandstühle sind sicherheitshalber an die Tische gekettet. Abends ist hier Ruhe, sagt M. Als Reisebuchverleger ist er schon zum 10. Mal hier, läßt sich nicht verunsichern. Am Ballermann geht die Sonne nie unter: Was *Ballermann 6* am Tage, ist das *Oberbayern* in der Nacht. Ein unscheinbares Kellerlokal auf der anderen Straßenseite.
Vorbei am ledertrachtigen Türsteher, hinein in den alpinen Wahnsinn. Aus der Tiefe des Raumes dringt "Königin der Nacht" im direkten Duell mit dem eisenbrechenden Marmorstein. Mädchen in enganliegenden T-Shirts tanzen auf den Tischen. Oans, zwoa, gsuffa!

Der Raum tobt, alles tobt: Ein Anti-Las Vegas. Alles originaler als das Original - oberbayerischer als das ferne Oberbayern. Helmut und die Dominos, die sich wohl besser "Die lustigen Casanovas" nennen würden, rufen zur Damenwahl. Goldamulette, auf denen kein Buddha lacht, strahlen auf den Brusthaaren. Eine ältere Blondine mit dem T-Shirt: "Ich habe versucht, ohne Sex und Alkohol zu leben. Es war die schlimmste 1/4 Stunde meines Lebens", robbt über die Tanzfläche. "Ihre Brüste waren bis zur Hälfte sichtbar, und wäre der messerscharfe schwarze Schattenstrich, der bezeichnete, wo sie gegeneinandergedrängt wurden, nicht gewesen, so hätte man in diesem Fleischberg jede Orientierung verloren." (Ehen in Philippsburg, S. 79)

"Klingelingeling, klingelingeling, hier kommt der Eiermann ..." Fremd das Wandbild gegenüber der Toilette: wallende Haare, schmachtender Blick - Costa Cordalis ist Grieche. "Mer san mer", lallt ein besoffener Oberbayer. So entwaffnend ehrlich. Das Prinzip Reisen auf den Kopf gestellt. Keiner glaubt hier, nach zwei Tagen Kapstadt ein Freiheitskämpfer zu sein, nach vier Tagen Hongkong ein Weltmann, nach fünf Tagen Hollywood ein Filmstar, nach sechs Tagen Wat Po ein Erleuchteter. "Mer san mer", oder: "Ich bin, darum bin ich."

Die Welt schlägt zurück. 3.00 Uhr früh, wieder im Hotel Riu Bravo. M. verschwindet im zweiten Stockwerk. Hinter ihm - lärmend gestikulierend - eine Gruppe Frauen. Vermutlich ein Kegelclub. Schlafe sofort ein. Gegen fünf Uhr früh dröhnen von der Schinkenstraße (Zimmer 433) Schlachtlieder: “Arbeitslos und eine Flasche Bier, das ist Schalke 04 ...” Ich stehe auf und schließe das Fenster.

Sonntag, 1. September

Bereits 10.00 Uhr, als ich aufwache. Mein Kopf hämmert, doch ich bin wach. Durch die Meerluft hergeweht, dröhnt deutsches Schlagergut in den Raum. Verzerrt - aber unüberhörbar. Rufe M. an - vergebens. Lass 10-, 20mal klingeln - nichts. Der Reisebuchverleger sitzt vermutlich bereits beim Frühstück. Quäle mich vier Stockwerke hinunter zum Eßsaal. Berge von Croissants, Salami und Emmentaler Käse türmen sich auf den Tischen, der deutsche Mensch, wie er singt und lacht, in Morgenlaune. Doch von M. keine Spur. Renne wieder zwei Stockwerke hoch zu seinem Zimmer, klopfe, vergeblich. Nun bin ich unsicher, ja verängstigt. Vielleicht wurde er durch das Weltenfieber dahingerafft, hatte einen Herzinfarkt oder so was ähnliches. Liegt wimmernd in Mallorca, weiß nicht, was mit ihm geschieht. Vielleicht schreit er und niemand hört es. Dafür dringt “Sierra Madre” durch das halboffene Fenster. Der Heldentod.
Ich bleibe im halbdunklen Gang stehen, unschlüssig. Die Putzfrau nähert sich, eine Spanierin. Ich sage: “Ola”, sie auch. Dann - in Ermangelung der Sprachkenntnisse zeige ich auf die verschlossene Tür. Sie antwortet in einem mir unverständlichen Wortschwall. Ich deute auf die Türe. Sie: “Sí, sí” und will weitergehen. Ich schreie: “Aufmachen!” Sie: “Sí, sí” und schlurft auf dem Hotelgang weiter. Bin verzweifelt. Sonntagmorgen, 10.30 Uhr, im zweiten Stock des Hotel Riu Bravo auf der Suche nach einem Freund, der verschollen ist, kein Lebenszeichen von sich gibt. Den Dschungel Bangkoks überlebt, den Moloch Hongkong, die Krokodile Australiens, die Haie der Südsee, den Amok Las Vegas - und nun das.

In der Heimat gibt es kein Wiedersehn. Um 10.47 Uhr wieder vor M.s Zimmer. Aus dem Innern des Raumes Geräusche. Kratzende

Geräusche. Ich klopfe an die Türe. Nichts. Ich poltere. Nichts. Immer noch diese undefinierbaren Töne. Ich schreie, zuerst M.s Name, dann "Aufmachen!" Endlich schlurfende Schritte, die Türe öffnet sich: die Putzfrau. "Ola", sage ich, dränge an ihr vorbei in das Zimmer.

Alles aufgeräumt, M.s Koffer sorgsam an der Seite aufgestapelt. Das Bett unberührt. Ein Blick in die Badewanne, kein Uwe-Barschel-Syndrom. Die Putzfrau guckt mich erstaunt-verschüchtert an, murmle was von "Guardia Civil" und rausche aus dem Raum. Erkenntnis: M. war während der ganzen Nacht nicht hier.

Um 12.30 Uhr zum Ballermann 6, fünf Minuten von unserem Hotel entfernt. Verdammt heiß. Aus großen Lautsprechern dringt deutsches Schlagergut: "Eine Mark für Charlie." Doch ich sehe und höre nichts. Ich suche M.

Mein Blick schweift über eine Ansammlung von Bierbäuchen, schwitzende Oberteile und 70er-Jahre-Sonnenbrillen. Über "Bild am Sonntag" lesende Teutonen und leere Sangriakübel. Ein bißchen Frieden, unterbrochen von spontanen Einlagen: "Zieht den Bayern die Lederhosen aus!" Dies wird aber nur spärlich befolgt. Und inmitten dieses Weltenfestes M. - mit größter Selbstverständlichkeit, als wäre nichts geschehen. M. trinkt ein großes Weizenbier, auf dem T-Shirt die Aufschrift: "Buenos Dias Matthias, mer sen wieder da.
Alle Mann am Ballermann."

Ein theatralischer Blick auf die Uhr: "Schon hier?" Versuch von Ironie. M. versteht die Einwände nur begrenzt. Die Nacht habe er mit Skatspielen verbracht.

Sagt er. Genauer mit einer, die ihm nach unserer gestrigen Ankunft morgens um 3.00 Uhr nachgerannt sei und ihn gebeten habe, in ihr Hotelzimmer zu kommen. Um Skat zu spielen. Und so hätte er die ganze Nacht im Riu Bravo Skat gespielt.
"Ein bißchen Spaß muß sein ..." Vor M. drei leere Bierkrüge: Paulaner Pils. "Bild am Sonntag" berichtet von Günther Stracks

Wiedergenesung. Ein Plakat kündigt Rex Gildos morgigen Auftritt im Riu Palace an.

Ein Nachmittag im Ballermann 6 ist gleichförmig und monoton. Das vierte, fünfte Bier dämpft die Sinne, schläfert ein oder animiert zum Mitsingen und Mitgrölen. Keine Fluchtmöglichkeit. M. ist im breiten Sommerstuhl eingenickt. Strandmann José observiert durch seine getönte Sonnenbrille den niemals endenden Frohsinn. "Eviva España!" Nur die Fernsehteams, auf der Suche nach Trinkorgien und Saufgelagen, durchbrechen die dumpfe Eintönigkeit – grauselig-wohlige Grüße für die Daheimgebliebenen.

Ballermann 6 als Mekka aller Beobachter, das mediale Dorf schlechthin. Doch vielleicht ist die kleine Kneipe in El Arenal auch nur eine Projektion für das spaßige Leben.
Mittlerweile schleichen verschüchterte Menschen aus Deutschland - Typ Lehrer - um das Lokal herum, angewidert das feuchtfröhliche Treiben registrierend. Sicherheitshalber drei, vier Meter vom Ballermann 6 entfernt, daß ja niemand auf die Idee kommt, sie könnten zur grölenden Masse gehören. Verschüchtert zücken sie den Fotoapparat, drücken ein-, zweimal ab.
Aber erst, wenn der Tourist den Touristen beobachtet, um angewidert auszurufen: "Diese Touristen!" schließt sich der Kreis. Am Ballermann ist dies der Fall. Dann ist der Tourismus total. Und irgendwann wird es mehr Beobachter haben als Betrunkene.

Ich denke an Mike Baum. Auch dieser wird wohl zu Hause sitzen - angewidert von den Ballermannberichten auf RTL, SAT 1, PRO 7 und allen öffentlich-rechtlichen Fernsehsendern. Höchstwahrscheinlich wird er genervt das Gerät abstellen: „Niemals auf den Ballermann!“ Mike Baum verachtet Ballermänner. Er ist keiner von denen, so glaubt er jedenfalls.
Seine Freunde sind, so erzählt M., in Sorge: Die verpatzte Schiffahrt macht Mike Baum noch zum Trinker.
Doch seine Frauen weigern sich weiterhin, die Schwimmwesten abzulegen, allen Bitten von Mike zum Trotz.

Wieder Mitternacht. Disco Zorba's, außerhalb der deutschen Nahkampfzone. Vereinzelt gibt es auch Spanier. M. und ich bewegen uns ungelenk zu lauten Technoklängen über die Bühne. Dunkel und hell, kalt und heiß, die schwarzgekleidete Vortänzerin entledigt sich gekonnt ihrer Kleider.

Nur wenige Menschen sind im Lokal. Eine Blonde schleicht leicht wippend über die Tanzfläche, meine Bewegungen sind spärlich und zu abgehackt, um den Könner vorzutäuschen. Wir sind alleine im Ring, M. hat sich an die Bar zurückgezogen. Die Frau tanzt vor. Unsere Hände berühren sich. Ich wende mich ab. Im Spiegel bemerke ich, wie sie mir folgt: unauffällig. Wieder Berührungen. Ihr Begleiter - Freund, Ehemann? - observiert uns von der Seite. Nippt nervös an seinem Martini. Dann ihre vollen deutschen Lippen: "el Español." Ich schweige. Besser: ich nicke. Murmle "Ola" und erzeuge die Illusion, ich sei ein Español und kein Schweizer. Wieder spärliche Bewegungen: bum, bum. "Ich hatte noch nie einen Spanier!" "Ola." Die absurde Annahme, alle Spanier sprächen deutsch. Ich schweige. Schweigen ist sprechen. Meine Bewegungen immer abgehackter. Ihr Herrenton: "Warte, Spanier, ich komme gleich wieder!" Mit schnellen Schritten sticht sie zu ihrem mittlerweile nicht mehr Martini trinkenden Begleiter und verschwindet in der Nacht von El Arenal. Ich warte noch über eine Stunde. Vergeblich. Der Technosound dröhnt in meinen Ohren. Ich mache gar keine Bewegungen mehr.

Montag, 2. September

Letzter Tag. Hotel Riu Bravo. Die letzte Pflicht einer Weltreise. Von der Hotelrezeption aus ein Telegramm. Herrn Martin Walser, Schriftsteller, D-88662 Überlingen-Nußdorf (Bodensee), Germany.

LIEBER MARTIN
KOMMEN - MORGEN - UM - 17.30 UHR - IN - ZUERICH-KLOTEN - AUS PALMA AN.
GRUESSE MATTHIAS + MANFRED

10.45 Uhr. Wieder einmal Ballermann 6. Bei Bata Illitsch fällt die Musikanlage aus. Der Mob springt ein, überbrückt, singt lautstark "Michaela." Trinke das obligatorische Weizenbier.

Die Realität ist anders als die Wirklichkeit, sagt Kanzler Kohl. Ein Volk von Denkern.
Und dann kommt sie, sie von gestern abend. In Begleitung zweier leicht schwergewichtiger Kolleginnen. Sie setzen sich in meine unmittelbare Nähe. Die Blonde sieht mich, stutzt für einen kurzen Moment und sagt: "Ola." Verkehrte Realitäten. Ich antworte nicht mit Ola, sondern mit "Grüetzi." Sie sagt: "No español", ich bejahe - "Schweizer." Nach langen Nächten soll es nie Morgen werden. Ich erzähle von der Weltreise. Es sprudelt. Und sie kommt seit beinahe 15 Jahren mit ihrem Kegelclub zum Ballermann. Betreibt mit ihrem Mann im nördlichen Ruhrpott einen Gebrauchtwagenhandel, hat zwei Kinder und drei Schäferhunde.

Dieses Jahr eine lästige Zwischenlandung in München. Jedes Jahr, sagt sie, komme sie zum letzten Mal, nie mehr Ballermann. Ihre Augenringe sind schwer, ihr Gatte zu Hause, das Geschäft müsse weitergehen. Zufällig streichelt sie meine Hand. Die nächtliche Erotik ist weg. Ich sehe auch nicht mehr aus wie ein Spanier, sondern wie einer

von hier. Uta verabschiedet sich, ein flüchtiger Kuß. Der Strand wartet. Trinke mein Weizenbier aus.
Jürgen Marcus singt von einem Lied, welches um die Welt zieht und von Liebe glimmt.
Während der letzten drei Wochen habe ich kein glimmendes Lied gesehen.

High-noon im Riu Palace. Rex Gildos Erscheinen ist seit Tagen auf den Plakaten angekündigt. M. und ich stehen verlegen an einer der zahlreichen Stehbars. Viele ältere Menschen, vornehmlich Deutsche, vor allem Deutsche, d.h. nur Deutsche in Warteposition. Rex Gildos Erscheinen verzögert sich.
Eine gelangweilte Band füllt mit gelangweilter Musik den Raum. On the road again. Am Ende weder "Hossa!" noch Rex Gildo. "Das wäre zu schön", sagt M. "Noch eine Fiesta mexicana als Abschluß."
Gegen 1.00 Uhr die Ankündigung, Rex Gildo trete nicht auf. Keine Überraschung mehr. "He is drunk", raunt ein fettleibiger Casanova. Vielleicht auch "krank." Drunk und krank - alles reimt. Ein Volk der Dichter! Die Langweilerband spielt weiter in die Nacht.

Ich verlasse das Lokal, als sich zwei zarte Hände auf meine Schultern legen. Drehe mich um: Uta. Und wieder ist die Illusion der Nacht da. Dieses Kribbeln. Sie sagt: "Du gehst?" Ich nicke. "Und wann?" Lange überlege ich: "In einem Jahr - auf dem Ballermann!"

Mallorca

Gerrit hatte sich über Gildo etwas Sorgen gemacht auf der Weltreise; sein sonst sprühender, redseliger Freund war zu einem ängstlichen, nervösen, schlaflosen Wrack geworden, der nichts mehr sah, dem die Welt Angst machte und dem man am ersten Tag der Weltfahrt schon ansehen konnte, daß er viel lieber in Schaffhausen oder am See oder in der *Grille* in Öhningen oder im *Kaufleuten* in Zürich, aber um Gottes Willen nicht hier irgendwo in der Welt, außerhalb Deutschlands, außerhalb der vertrauten Schweiz wäre.

Und nun auf Mallorca: Er lebt wieder! Sie hat ihn wieder. Die Heimat, die herrliche Heimat.
Nach Mitternacht in Ballermann-Zeit verlassen sie das Hotel Riu Bravo - sie waren um 23 Uhr in Palma de Mallorca angekommen - und steuern zielsicher und direkt ein Lokal an, das Gildo kennt, das er liebt, das Oberbayern heißt.
Sie sind freitags um 20 Uhr in Los Angeles gestartet, um samstags um 24 Uhr im Oberbayern zu stehen.
Und man empfängt sie herzlich. Nicht, daß hier sie jemand kennt oder gar beachtet: Aber alle diese schönen alten Lieder, von denen Gildo beim Welten-Ukulele geträumt hat, spielt die Kapelle im Oberbayern wie bestellt und frech hintereinander: Ein Bett im Kornfeld, Schöne Maid, Sierra Madre, Die kleine Kneipe, Griechischer Wein ..., da wird auch Gerrit sentimental und laut, er singt mit am runden Stehtisch, klopft schon den vierten Kleinen Feigling auf den Tisch, trinkt ihn aus, zusammen mit der fülligen Bedienung, die man im Oberbayern selbstverständlich dazu einlädt, die sich auch brav den kleinen Schraubverschluß des Kleinen Feiglings auf die Nasenspitze klemmt und dann zusammen mit den Weltenreisenden ihn austrinkt.
Gildo versucht, dem einen oder anderen gerade in der Nähe stehenden Oberbayernbesucher die Geschichte der langen Anreise zum Ballermann zu erzählen, aber die im Krombacher Pils

Ertrunkenen nehmen weder auf noch wahr, schlimmer, sie interessieren sich nicht, sie wollen den nächsten Jägermeister, bitte.

Da wird alles ausgelassen, schwungvoll und voller Herz.

Ja, das ist die Heimat, ja, das ist toll, sagt Gildo und Gerrit ..., soll er widersprechen, wo es wirklich 'ganz nett ist' hier. Warum nicht noch eine Runde Kleiner Feigling, man merkt den kaum, und später bitte noch einen Tequila braun mit Orange und Zimt.

Das ist doch besser als dieses neumodische Zeugs, was die in Beverly Hills und Hongkong und überhaupt so nehmen. Bis fast drei Uhr halten die Unausgeschlafenen durch, ehe sie zurück ins Hotel wanken, betrunken, aber eher leicht schwebend, mehr in einer Weltentrance, eingenebelt in den Weltliedern aus deutschen Schlagerkehlen.
Gerrit bekommt die Melodie von Sierra Madre nicht aus dem Ohr, er pfeift sie, er lispelt sie bis zum Hoteleingang. Dort steht eine Gruppe deutscher Keglerinnen, die gerade heimkommen. Frauen in den späten Dreißigern, üppig zumeist, zurechtgemacht für den Ausgang, jetzt etwas zerzaust, auf dem Weg in ihre Zimmer, einsam.

Gerrit und Gildo sprechen mit den Frauen, ein Flaxen mehr, man fährt gemeinsam Aufzug, Gerrit wohnt im zweiten Stock, er steigt aus, mit ihm eine dunkelblonde Frau, vierzig, beide auf dem Weg zum Zimmer. Der Aufzug nimmt die anderen mit, die Frau beginnt eine kurze Unterhaltung, wie lange waren Sie hier - das 'Sie' sagt Gerrit: Sekretärin wahrscheinlich -, wo kommen Sie aus Deutschland her?

Wollen wir noch etwas bei mir trinken, ich bin den letzten Abend hier, sagt sie dann, und Gerrits erster Gedanke: Nein bitte, um Gottes Willen nicht. Aber er kann dem Leiden von Elfriede nicht widerstehen. Er geht mit.

Sie sprechen im Zimmer bei zwei Flaschen König Pilsener aus der Minibar das weltweit Übliche, das Belanglose, das Traurige, das Gemeine und Ratlose.
Jeder der beiden weiß, daß es nur darum geht, die Sprachlosigkeit, die Einsamkeit der Jahre zu überwinden, daß es nur darum geht, ein Stückchen, ein Stündchen zu überwintern.

So schwer, so hart.

Gerrit fühlt, daß er keine Erotik empfindet, daß es ein Desaster werden wird, daß er geheime sexuelle Wünsche nicht einmal im entferntesten befriedigen kann. Er möchte aufbrechen, in sein Zimmer, und doch kann er - der Weltmann - nicht gehen, weil er zu feige ist im Angesicht der täglichen Not.

Elfriede ist verheiratet mit einem Schlosser, sie hat ein Kind, vierzehn, längst zu erwachsen, um Elfriede noch zu brauchen, sie arbeitet halbtags als ... Bürokraft, sie kegelt zweimal die Woche, sie kocht, wäscht, bügelt und geht einkaufen. Nein, Gerrit kennt nicht das riesige neue Einkaufszentrum im Ruhrgebiet - in Recklinghausen? Aber er war schon mal in Essen, die Fußgängerzone, ja, die ist nett, ... schrecklich, sie weiß nicht, daß er aus dem Paradies kommt, und er wird es ihr nicht sagen, denn er war ja auch in der jungen Hölle der Häßlichkeit, als er heranwuchs, er kennt es, er leidet, er leidet, es wird schrecklich, es wird schrecklich.
Gerrit findet keinen Ausweg, die Welt ist schnell, aber die Hilfe, die du brauchst, wenn du sie brauchst, ist nicht da.
Es gibt keine 110er Nummer, die man in diesen Fällen anwählen kann.
Er muß es versuchen.

Er küßt sie, ohne die Möglichkeit zu haben, seine Zähne vorher zu putzen. Er versucht zu erforschen, ob sein Körper irgendwie reagiert, aber sein Glied scheint ihm nunmehr eine abgefaulte Erdnuß, die verloren baumelt.

Er muß es schaffen, ich darf nicht ganz versagen, es gibt keine Ausrede.
Gerrit versucht noch einmal ein neues Gesprächsthema:
Die SPD im Ruhrgebiet, immer noch so stark wie früher ...?
Eifersucht, ist ihr Mann treu ...;
wie waren die Tage auf Mallorca?
Schön, so, ach ja.
Sie haben zwar über sich gesprochen, aber Gerrit hat nichts von der langen Anreise zum Ballermann erzählt. Er wollte die brave Frau nicht enttäuschen, er wollte ihr nicht sagen, daß er keiner von hier ist, oder zumindest so tun, als ob er keiner von hier ist.

Er wollte normal sein, normal, normal, Ballermann 3 oder 6 oder 8.

Sie zieht sich aus, sie trägt einen breiten, sogar mit Spitzen versehenen, weißen BH.

Es tut sich bei Gerrit nichts.

Bitte, Gott. Er betet. Helfe mir.

Sie trägt eine Blümchenunterhose, breit. Gerrit zieht vorderhand den Pullover aus, den er widersinnigerweise hier in der Hitze Mallorcas trägt, noch aus der Erfahrung des unterkühlten Flugzeugs heraus. Er läßt sein Hemd und seine Hose an, Elfriede legt sich ins Bett, löst vorher den BH und gibt gefallene Brüste frei.

Bitte, Gott, helfe! Einmal, wieder, bitte!

Gerrit legt sich zu ihr, über die Decke, drückt sich an den Frauenkörper, ein bißchen scheint ihm seine Erdnuß zu wachsen, ein bißchen wenigstens.

Er wird sich nicht mehr an alles erinnern, wenn er am nächsten Morgen im Ballermann 6 sitzt, die Bild am Sonntag vor sich, ein Weizenbier vor sich, um die Perversion perfekt zu machen.

Er wird sich erinnern, mit einem schaurigen, minderen, sich vor sich selbst, nur sich selbst, ekelnden Gefühl, daß er wenigsten eine halbe Erektion hatte, sich irgendwie durchschlug, vielleicht auch als Ausrede besonders zärtlich war, viel küßte und schmuste und es irgendwann schaffte, unterprächtig.

Er wird sich erinnern, und er weiß noch, daß sie nicht geweint hat, immerhin, aber nur, weil sie so gut erzogen ist und eine so faire Person.

Diese Art der Einsamkeit würgt ihn, macht ihn so unmenschlich, so tierisch betroffen. Alle seine Muskeln sind verspannt, sein Nacken ein Waschbrett, steif.
Morgens mußte Elfriede früh zum Flugzeug, er lag mit scheinbar geschlossenen Augen, schlafend, aber hellwach unter der schützenden Decke, hörte sie zusammenpacken, fast freundlich dann verabschieden, umständlich wollte sie ihm klar machen, daß er den Schlüssel vom Zimmer doch unten abgeben sollte, er grunzte Zustimmung, er sagt, ich danke dir für die Nacht, und sie fragte nach seiner Adresse.
Nicht das; er gab ihr eine Telefonnummer, eine andere Telefonnummer, irgendwelche Zahlen, Lottozahlen.

Hoffentlich denkt sie, daß sie wenigstens ein bißchen ein Abenteuer hatte, daß ich nicht wieder einer dieser gewöhnlichen, ungeilen, unfähigen Mistkerle bin.
Und er wußte genau: Er war wieder einer der unbefriedigenden, unfähigen Mistkerle. Wann wird sie endlich einmal gut vögeln dürfen, bitte, Gott, laß nicht zu, daß sie stirbt, ohne es erlebt zu haben! Und verschone sie vor den Schlossern und den Gerrits dieser Welt! Er betete, er wurde religiös in seinem üblen Gewissen: "Warum durfte sie mich nicht erleben so wie Cindy,

die es nicht verdient hatte, die es täglich bekommen kann: aufgekratzt, geil, fähig, wartend, übel, hart, nehmend, fordernd, lustig, reitend, liegend, rammelnd.

Warum bin ich ein Schwein. Ein Ballermann-Schwein. Was mache ich hier?
Was soll ich hier?
Was reimt sich auf hier? - Ach ja ..."

Gerrit muß aufstehen, in eine Kneipe gehen, weil es dem Klischee entspricht, er zieht die gleichen Kleider an wie am Vortag, duscht sich nur kurz in Elfriedes Zimmer, läßt den Schlüssel stecken, versucht gar nicht, in sein eigenes Zimmer zu kommen, denn er sieht, daß die Putzfrauen schon wüten.

Er geht die paar Schritte vor zum Strand, wo eben die Strandkneipe Ballermann 6 aufmacht, er setzt sich, bestellt ein Weizenbier, was denn sonst, Kaffee? ... oh nein, Weizenbier bitte, steht nochmals auf, geht zum nahen Zeitungskiosk, holt die Bild am Sonntag, liest die Schlagzeile: Bundeswehrsoldaten singen das Horst-Wessel-Lied.

Trinkt sinnlos zufrieden das Hefeweizen, bestellt einen Schinkenkäsetoast und noch ein Hefeweizen, dann kommt aufgeregt Gildo: Wo warst du? aber Gerrit verstummt.

Laß uns heim, laß uns heimgehen, sagt Gerrit, und Gildo macht einen bösen Scherz:
Aber wir sind doch zu Hause! Und richtig trägt Gildo stolz das vorbereitete T-Shirt "Wieder daheim."
Gerrit will weg, schnell weg, und denkt doch an Elfriede, Elfriede Ballermann.

Wer holt uns eigentlich vom Flughafen ab, fragt Gerrit, Mike Baum etwa?

Nein, ich hoffe, daß Martin kommt. Ich schicke ihm heute noch ein Telegramm.
Martin hat keine Zeit, sicher nicht, meint Gerrit, und vielleicht ist er selbst auf Reisen, in Ulm vielleicht oder in Markdorf oder sogar München. Der kann bestimmt nicht kommen.
Wir werden sehen, vielleicht doch, ich kann es ja mal versuchen, sagt Gildo

Gildo sprüht vor Energie und Lachen, beides Momente, die ihm in der Welt abhanden gekommen schienen.

Ein Kokon erwacht zum Dasein.

Mensch, hier ist es toll, klopft er sich auf die Schenkel, als er die Verkäuferin eines T-Shirts entdeckt, auf dem steht: *Buenos Dias, Matthias, wir sind wieder da, alle Mann am Ballermann ...*

Das muß ich haben, gluckst er und kauft sich das Shirt.

Eine Fußballerclique, die aus einem Kübel Sangria trinkt, mit langen Röhrchen in der bitterroten Flüssigkeit, singt laut *steht auf, wenn ihr Schalker seid*; Gildo überlegt sich, ob er für Schalke ist und aufsteht.
Vielleicht singt ja bald jemand: Aufstehen, wer für Duisburg ist, auf der Duisburger Ehrentribüne saß gestern, Samstag, sicher auch der Schmierölfabrikant der Ersten Klasse. Vor einer Woche noch gelangweilt, angeödet auf Hawaii, zusammen mit seiner Familie, der arme Kerl.
Heute lebt er zwar in Düsseldorf, weil man als sozialer Überflieger nicht mehr in Duisburg lebt, aber das Herz schlägt weiter für den MSV.
Auch wenn Ewald dort scheiterte, erklärt Gildo, *Ewald Lienen meine ich, den Intellektuellen auf dem Trainerstuhl, verstehst du.*
Aber ja, Gildo, aber ja doch. Warum nicht?

Gildo entdeckt die Blumen am Wegesrand des Strandes, auf den Mauern sitzend und in den Sandkuhlen versteckt. Er bemerkt, und er kugelt sich vor Lachen, daß ein Lokal hinter dem immer vollen, immer lustigen Strandlokal Ballermann 6 sich *Hinter dem Ballermann 6* nennt.
Das ist groß, sagt Gildo, das muß ich Martin erzählen. Das ist walserisch: *Hinter dem Ballermann 6.* Das ist, wie wenn VW sich kleineres Auto als Mercedes nennen würde. Groß, nicht, das würde unserem Martin gefallen.
Da könnte er darüber denken, sagt Gildo, der Erweckte.

Hinter dem Ballermann 6!

Kann es noch weiter nach hinten gehen, überlegt Gerrit. Aber das dritte Hefeweizen tut seine Wirkung, damit er nicht mehr allzu zynisch denkt, ja fast milde werden seine inneren Weisheiten, und die Nacht hat ihn schließlich gelehrt, daß er selbst nichts ist als ein eitler aufgeblasener Luftballon.
Leise singt Gerrit schon wieder mit, als ein Kegelclub links von ihm anstimmt: *99 Luftballons auf dem Weg zum Horizont ...*

Der Tag verschwimmt vor sich hin, Gerrit ernährt sich von zwei Currywürsten und später noch von einem Wiener Schnitzel aus Schweinefleisch, fein paniert, mit trostlos trockenen Pommes frites. Sie sollten Salzkartoffeln servieren ...

Schuster, bleib bei deinen Leisten.
Es ist nicht alles Gold, was glänzt.
Früh übt sich, wer ein Meister werden will ...

Deutschland erwacht dann in der ganzen Breite gegen 21 Uhr an der Playa de Palma, rund um die Schinkenstraße und die Bierstraße, beim toten Bierkönig und im RIU Palace und im Paradise und im Oberbayern natürlich und Hinter dem Ballermann 6, aber dieses Lokal ist eher schwach besucht.

Als Gildo in der Nacht vor dem endgültigen Heimflug von der Welt und von Mallorca auf die Höri - wer holt sie ab, Martin, hat er Zeit? - noch ein liebes Mädchen aus Castrop-Rauxel kennenlernt, man die Telefonnummern austauscht, ihre klaren blonden Haare beim Abschied in der Morgensonne glänzen, ihr gerader Blick und ihre sichere Hoffnung auf ein volles, sattes Ballermannleben sich auch auf Gildo überträgt, da wird alles gut.

Gerrit schaut den beiden frisch Verliebten zu, eine Träne in seinem Blick und in Gedanken bei Elfriede.

Elfriede Ballermann.

Die Welt kennt doch eine Lösung, ein Dorf, ein Insichgehen. Du kannst also sein, wo du bist, ohne etwas missen zu müssen. Es scheint ein ewiges Alles zu geben, das sich in einfache Worte fassen lassen muß. Alles, was darum herum geschieht, das sind Langeweiletötungen. Wir töten unsere Langeweile.

Wir kämpfen gegen die unendlich lange Zeit. Und wir siegen manches Mal und verlieren manches Mal. Aber so wie der Weg das Ziel ist, so bleibt der Kampf unser Spiel.

Es ist erstaunlich wohl gerichtet! Und die Welt ist nicht umsonst klein geworden, denn alle haben, so scheint es, die gleichen Wünsche, Bedürfnisse, Gesänge, Marken, Moden, Schuhe und GOLDPFEIL. Jeder nach seiner Art.
Oder könnte man auch einfach sagen, denkt Gerrit, während Gildo seinen ersten Weltreisekuß genießt: *ein Bett im Kornfeld, das ist immer frei ...*, oder: *Griechischer Wein ist so wie das Blut der Erde, komm schenk mir ein ...* oder gar: *Schöne Maid, hast du heut für mich Zeit."*

Und auf dem Weg zum Flughafen, später, summt Gerrit endlich: *Es fährt ein Zug nach nirgendwo, die Zeit verrinnt, die Stunden geh'n, bald ist ein neuer Tag erwacht, noch ist es nicht für uns zu spät, doch ist die Tür erst zu, was dann ...*

Der Flieger geht um 15 Uhr, genug Zeit, um anzukommen.

Epilog - Dienstag, 3. September

Die Crossair LX 663 landet um 17.25 Uhr in Zürich-Kloten. Regnerisch. Viele Menschen in der Ankunftshalle. Durch die großen Scheiben fällt der Blick auf die Wartenden. Der Zollbeamte fixiert meinen roten Paß, nickt, läßt mich passieren. In den ersten Papierkorb, den ich sehe, werfe ich eine ungebrauchte Packung Präservative Secura color, extra feucht.

Wo ist Martin? M. glaubt, ihn unter den Leuten zu sehen. Groß und ernsthaft. Nachmittag eines Schriftstellers. Ich nehme "Ein fliehendes Pferd" einer roten Rose gleich und winke. Übertriebene und ausladende Bewegungen. Doch der vermeintliche Walser zeigt keine Reaktion, sondern verschwindet in der Toilette. Überhaupt ist man plötzlich von lauter Walsern umgeben. Alle groß und intellektuell, weißhaarig und Brillenträger. Ich spreche den ersten Walser an; der Sprache nach ein Ungar, der zweite Walser - unzweifelhaft ein Schweizer. Wohl ein Flughafenbeamter.

Der Dritte, auch ein scheinbarer Walser, löst sich plötzlich in Luft auf. Verschwunden. Die Ankunftshalle wird allmählich leer. Der große Nußdorfer fehlt so, wie Rex Gildo fehlte. "Schade", meint M., während wir unsere Koffer aus der Halle schleppen: "Nicht einmal Mike Baum ist gekommen." Vermutlich ist er wieder auf dem See.

Die Frauen haben ihm verziehen. Sie sind wieder oben ohne, die Schwimmwesten haben sie sich ausgezogen. Mike Baum hat aufgehört zu trinken.

"Mißmutig trottete Helmut neben der munteren Sabine nach Nußdorf hinaus. Zum Glück wehte ein heftiger Westwind und brachte Bäume und See zum Rauschen." (Ein fliehendes Pferd, S. 34)

Vor dem Flughafengebäude verteilt ein Polizist Parkbußen.

"Schade", sagt M., während wir die Koffer in ein weißes Taxi laden, "daß wir nicht in Rio waren."